Uwe Gremmers
Neu als Führungskraft

Uwe Gremmers

Neu als Führungskraft

So werden Sie ein guter Vorgesetzter

2., aktualisierte Auflage

Bibliografische Information der Deutschen Nationalbibliothek
Die Deutsche Nationalbibliothek verzeichnet diese Publikation in der Deutschen
Nationalbibliografie; detaillierte bibliografische Daten sind im Internet über
http://dnb.ddb.de abrufbar.

ISBN 978-3-86910-763-9

Der Autor: Uwe Gremmers hat mehrere Jahre in zwei Top-Unternehmen in der
Personalentwicklung Führungskräfte ausgebildet. Seit über 15 Jahren arbeitet der
Dipl.-Psychologe selbstständig und unterstützte als erfolgreicher Coach mehr als
10 000 Führungs- und Führungsnachwuchskräfte.

2., aktualisierte Auflage

© 2010 humboldt
Ein Imprint der Schlüterschen Verlagsgesellschaft mbH & Co. KG,
Hans-Böckler-Allee 7, 30173 Hannover
www.schluetersche.de
www.humboldt.de

Autor und Verlag haben dieses Buch sorgfältig geprüft. Für eventuelle Fehler
kann dennoch keine Gewähr übernommen werden. Alle Rechte vorbehalten.
Das Werk ist urheberrechtlich geschützt. Jede Verwertung außerhalb der gesetz-
lich geregelten Fälle muss vom Verlag schriftlich genehmigt werden.

Lektorat:	Medienprojekte München, München
Covergestaltung:	DSP Zeitgeist GmbH, Ettlingen
Coverfoto:	Getty Images / ballyscanlon
Innengestaltung:	akuSatz Andrea Kunkel, Stuttgart
Satz:	Medienprojekte München, München
Druck:	Druckhaus „Thomas Müntzer" GmbH, Bad Langensalza

Hergestellt in Deutschland.
Gedruckt auf Papier aus nachhaltiger Forstwirtschaft.

Inhalt

Vorwort	10
Was bedeutet Führen?	12
Gibt es den einen richtigen Führungsstil?	13
Führungsstile im Überblick	14
Handeln Sie authentisch!	16
Rollen einer Führungskraft	17
Rolle als Kommunikationsmanager	18
Rolle als Leistungsmanager	18
Rolle als Teammanager	18
Als Führungskraft denken Sie anders!	19
Wie motivieren Sie Ihre Mitarbeiter?	21
Ausreichende Kompetenz	22
Verantwortung	22
Motivationsfaktoren	23
Kommunikationsmanager	35
Was passiert eigentlich bei der Kommunikation?	35
Verzerrungen in der Kommunikation	37
Feinde menschlicher Kommunikation	40

Interpretation	40
Generalisieren	42
Tilgung	42
Modelle der Kommunikation	43
Eisbergmodell	44
Vier-Kanal- oder Vier-Ohren-Modell	46
Transaktionsanalyse	51
Zwei „Königswege" in der Gesprächsführung	62
Ich-Botschaft	62
Beispiel für eine vollständige Ich-Botschaft	68
Non-direktive Gesprächsführung	69
Sinngemäßes Wiederholen	70
Wer intelligent fragt, der führt!	72
Trichtermodell – vom Allgemeinen zum Speziellen	73
Fokussieren und Konkretisieren durch Fragen	74
Frage mit eingebauter Skala	75
Direkte und manipulative Fragen	76
Systemische Frage	77
Weiterführende Denkanstöße geben	78
Metakommunikation	79
Gefühle reflektieren	81
Zusammenfassung	82
Konflikte managen	84
Wie entstehen Konflikte?	84

Welchem Ablauf folgen Konflikte?. 85
Wesentliche Schritte einer konstruktiven
Konfliktlösung 88

Leistungsmanager 91
Führungsinstrumente 91
   Zielmanagement 93
   Zielmanagement im Unternehmen 94
   Konzeption von Zielvereinbarungen 96
   Zielfelder. 96
   Messbare und spezifische Ziele definieren 97
   Formulieren Sie die Ziele positiv 99
   Welche Gütekriterien erfüllen Ziele? 100
   Mit Mitarbeiter oder Team zu
   Zielvereinbarungen gelangen. 101
   Ablauf des Zielvereinbarungsprozesses. 104
   Zielcontrolling. 106
Informationsmanagement. 107
   Die fünf Verständlichmacher 108
Selbstmanagement 110
   Was heißt Delegieren? 110
   Persönliches Zeitmanagement 112
   Wie wird delegiert?. 113
   Welche Aufgaben können delegiert
   werden – welche nicht?. 114

Voraussetzungen für erfolgreiches Delegieren	115
Coaching	116
Persönliche Orientierung	118
Strategische Orientierung im Coaching	120
Wesentliche Erfolgsfaktoren beim Coaching	120
Wichtige Faktoren, die den Coaching-Prozess beeinflussen	122
Geeignete Maßnahmen und Lösungswege im Coaching-Prozess	125
Ablauf eines Coaching-Prozesses	128
Unterstützungsmaßnahmen im Coaching	135
Kontrollieren	137
Was beachtet der Vorgesetzte bei seinen Kontrollaufgaben?	138
Wie gehen Unternehmen mit Kontrolle um?	139
Sinn und Zweck des Mitarbeitergesprächs	140
Das Mitarbeitergespräch verfolgt verschiedene Ziele	141
Vorbereitung auf das Mitarbeitergespräch	143
Phasen des Mitarbeitergesprächs	145
Ablauf des Mitarbeitergesprächs	146

Teammanager. 151

Betroffene zu Beteiligten machen 151

Moderation – was ist das? 152

    Teammanager in seiner Rolle als Moderator. 155

    Hilfsmittel des Moderators. 155

    Interaktionstechniken 156

    Methoden der Moderation. 158

    Planung einer moderierten Besprechung 165

    Ablauf einer moderierten Besprechung 167

Teamentwicklung und Teammeter 170

Register 172

Literatur 175

Vorwort

Eine neue Aufgabe wartet auf Sie – endlich die lang ersehnte Führungsrolle! Doch was bedeutet Führen eigentlich und mit welchen Mitteln und Methoden ist eine gute Führung zu erreichen? Wie ist es möglich, dieser neuen Rolle auch wirklich adäquat gerecht zu werden?

Auf diese und auf viele weitere Fragen gibt Ihnen das vorliegende Buch Antwort. Es steht Ihnen bei Ihren neuen beruflichen Aufgaben hilfreich zur Seite und zeigt Ihnen – anhand vieler konkreter Beispiele – einen sicheren Weg durch die heute gültige Arbeitspraxis. Nicht nur für Ihre Mitarbeiter ist Orientierung zu einem zentralen Begriff geworden, sondern auch Sie selbst brauchen im Dickicht der vielfältigen Leistungsanforderungen Orientierung.

Zu Ihren Leistungsanforderungen gehört demnächst einem Team vorzustehen und die Richtung anzugeben – doch wie können Sie Ihre Mitarbeiter motivieren, Ihnen zu folgen? Welche Schritte sind dazu sinnvoll und effektiv? Welche Faktoren können eine Motivation noch verstärken? Gibt es den einen richtigen Führungsstil und welcher Führungstyp sind Sie? Wie führt man ein Mitarbeitergespräch, das später von Erfolg gekrönt ist? Wie wird delegiert? Welche Aufgaben können delegiert werden – welche nicht? Wie finden Sie mit Ihren Mitarbeitern geeignete Maßnahmen und Lösungswege in einer Problemsituation? Wie entstehen Konflikte? Welchem Ablauf folgen Konflikte? Welche Wege gibt es, Konflikte zu entschärfen und konstruktiv zu gestalten? Wie können Sie es schaffen, die Betroffenen nicht nur über Entscheidungen zu informieren, sondern direkt in den Problemlösungsprozess mit einzubeziehen?

In den Führungsetagen der Unternehmen gilt heute: Die Funktion des effizienten Chefs ist in komplexen Organisationen immer weniger die des dynamischen Machers und „Obersachbearbeiters", sondern viel eher die eines Trainers, Coaches, Beraters und Controllers. Die Führungskraft in der Rolle eines Team-, Leistungs- und Kommunikationsmanagers verfolgt das Ziel, das Teamwesen so zu entwickeln, dass eine Teamatmosphäre entsteht, aus der heraus Vertrauen, Kooperation und vor allem Leistung erwachsen kann. Denn jeder ist nur so gut, wie das Team, zu dem er gehört oder dem er vorsteht!

Und auch wenn Sie vor der Bewerbung auf eine Führungsrolle gegebenenfalls noch etwas zurückschrecken sollten, ist es ratsam, sich mit den verschiedenen Praktiken von Führungskräften vertraut zu machen, denn nur so versetzen Sie sich in die Lage, vom Reagierenden zum Mit-Agierenden zu werden. Das Wissen um Zusammenhänge hat noch nie geschadet, und wer weiß, vielleicht kommen Sie ja auf den Geschmack …

In jeder Hinsicht viel Erfolg!

Uwe Gremmers

Was bedeutet Führen?

Eine Führungskraft ist wie ein guter Lotse, der ein Schiff durch verschiedenartige Gewässer bringt. Er gibt nicht nur Richtungshinweise, sondern sorgt auch dafür, dass der Kurs gehalten wird. Dies spiegelt auch das Wort Führen wider, das ursprünglich „in Bewegung setzen", „jemanden geleiten" bedeutet. Dabei fehlen jegliche Hinweise auf Hierarchien, Kontrolle oder Zensur.

Die Funktion der Führung besteht heute nicht nur darin, Arbeiten vorzubereiten, Aufgaben zu verteilen und das Tagesgeschäft zu koordinieren, sondern sie liegt vor allem darin, Menschen zu bewegen, und zwar auf Dauer und zielorientiert. So einfach dieser Satz auch klingen mag, so oft erlebt man jedoch in der Praxis, dass sich Führungskräfte zwar intensiv um das WAS kümmern, das WIE allerdings dabei unberücksichtigt lassen, anstatt wirklich zu führen und sich mit den wichtigen Fragen auseinander zu setzen: Wie läuft der Prozess? Wie können wir unsere Leistung steigern? Wie gehen wir vor? Wie kommen wir an unser Ziel?

Um zu führen, schaffen Sie als Führungskraft die notwendigen Rahmenbedingungen, die es den Mitarbeiterinnen und Mitarbeitern ermöglichen, ihre Aufgaben selbstständig und effizient innerhalb dieses Rahmens zu erfüllen. Das bedeutet konkret, dass die Aufgaben, die Verantwortung und die Befugnisse, die die Mitarbeiter erhalten, in einem ausgewogenen Verhältnis zueinander stehen. Allerdings zeigt sich in der Arbeitswelt immer wieder, dass Führungskräfte ihren Mitarbeitern zwar Aufgaben und auch Verantwortung übertragen, ihnen die notwendigen Befugnisse jedoch nicht zugestehen. Mittelfristig führt dies zwangsläufig zu einer Verringerung der Kompetenzen auf Seiten des Mitarbeiters.

> **Führen bedeutet „Menschen bewegen". Dies geschieht zielorientiert und auf Dauer.**

Die Funktion des effizienten Chefs ist in komplexen Organisationen immer weniger die des dynamischen Machers und „Obersachbearbeiters", sondern viel eher die eines Trainers, Coaches, Beraters und Controllers.

Gibt es den einen richtigen Führungsstil?

Die Aufgaben, die der Mitarbeiter zu erfüllen hat, und dessen Grad an beruflicher Kompetenz beeinflussen den Stil, wie der Mitarbeiter zu führen ist. Je nach Situation und Kompetenz des Mitarbeiters sind verschiedene Führungsstile angebracht. Die Klaviatur einer professionellen Führung reicht dabei von autoritärer Führung mit klaren Vorgaben und Entscheidungen bis hin zum „Loslassen".

Die Mitarbeiter werden bei dem autoritären Führungsstil in die Entscheidungsfindung nicht einbezogen. Beim situativ-autoritären Führungsstil werden die Mitarbeiter indirekt in Entscheidungen einbezogen, da ihre fachliche Meinung abgefragt wird. Die Entscheidung liegt jedoch immer noch bei der Führungskraft. Beim situativ-partizipativen Führungsstil hingegen finden Führungskraft und Mitarbeiter gemeinsam eine Lösung. Der Mitarbeiter entscheidet also mit. Beim bewussten Laisser-faire-Stil trifft der Mitarbeiter im Rahmen seiner Aufgaben, seiner Verantwortung und seiner Befugnisse eigenverantwortlich Entscheidungen und handelt entsprechend, ohne jegliches Zutun der Führung.

Führungsstile im Überblick

■ **Autoritärer Führungsstil:** Die Führungskraft trifft die Entscheidungen und informiert seine Mitarbeiter darüber. Diese Form der Führung ist sinnvoll, wenn es sich um strategische Entscheidungen und um die Vorgaben von übergeordneten Zielen geht.

■ **Situativ-autoritärer Führungsstil:** Mit diesem Führungsstil ist gemeint, dass dem Mitarbeiter bewusst ist, dass sein Vorgesetzter die Ansicht des Mitarbeiters hören möchte. Dies geschieht mit dem Ziel, dass die Führungskraft eine ausreichende Datenbasis zur Entscheidungsfindung zur Verfügung hat. Diese Datenbasis bildet die Grundlage für Entscheidungen, die die Führungskraft trifft. Es handelt sich um eine Variation von autoritärer Führung.

■ **Situativ-partizipativer Führungsstil:** Hier ist die Führungskraft „gleicher unter gleichen". Gemeinsam mit seinen Mitarbeitern werden Lösungen gesucht. Nicht zu verwechseln ist dieser Führungsstil mit Harmonie oder einer übertrieben partnerschaftlichen Führung. Sie treffen mit Ihrem Mitarbeiter gemeinsam Vereinbarungen und achten darauf, dass diese eingehalten werden. Das bedeutet auch, dass Sie als Manager bei Bedarf Ihren Mitarbeiter mit Problemen konfrontieren und mit ihm gemeinsam Lösungen entwickeln. Wichtig ist, dass Sie für Ihren Mitarbeiter immer berechenbar sind, als jemand der den Kurs klar vorgibt und innerhalb dieses Rahmens kooperativ mit dem Mitarbeiter Vereinbarungen trifft und bei Schwierigkeiten hilft und unterstützt.

■ **Bewusster Laisser-faire-Stil:** Hiermit ist gemeint, dass die Führungskraft ein umfassendes Aufgabenpaket dem Mitarbeiter delegiert und es dem kompetenten Mitarbeiter überlässt, wie er diese Aufgaben realisiert. Die Führungskraft „lässt los", ohne das vom Mitarbeiter gefundene Ergebnis in irgendeiner Form zu kritisieren. Dieser Stil setzt einen kompetenten Mitarbeiter voraus. Führung findet in diesem Fall an der „langen" Leine statt.

Handeln Sie authentisch!

Die zuvor aufgeführten Stile sind weder gut noch schlecht, sondern je nach Situation sinnvoll einzusetzen. In der Praxis zeigt sich jedoch immer wieder, dass Führungskräfte nicht authentisch handeln.

Ein Weiterbildungsinstitut hatte unter seinen akademischen Mitarbeitern eine auffallend hohe Fluktuation. In der Analyse dieser Fluktuation konnte festgestellt werden, dass der nicht authentische Führungsstil des Geschäftsführers die Ursache war. So wurden die Mitarbeiter zum Beispiel zu einer Besprechung eingeladen, um miteinander Probleme zu lösen. Dem Geschäftsführer war jedoch nicht bewusst, dass alle Vorschläge, die von Seiten der Mitarbeiter kamen, durch ihn – rhetorisch geschickt verpackt – abgewiesen wurden. Dieses nicht klar berechenbare Verhalten des Geschäftsführers führte bei den Mitarbeitern zu Frustrationen, innerer Kündigung und endlich wirklicher Kündigung. Sinnvoll wäre ein authentisches Verhalten der Führungskraft gewesen.

Wenn Sie eine bestimmte Lösung für ein Problem favorisieren, dann teilen Sie das Ihren Mitarbeitern mit. Gerne können Sie die Hintergründe Ihrer Entscheidung aufzeigen, jedoch grundsätzlich in Frage zu stellen ist diese nicht mehr. Jetzt handeln Sie authentisch und Ihre Mitarbeiter wissen, welchen Standpunkt Sie vertreten. Durch dieses authentische und eindeutige Handeln entsteht bei Ihren Mitarbeitern Orientierung und ein natürlicher Respekt vor Ihnen als Führungskraft. Dies heißt natürlich nicht, dass dies ein Freibrief für jegliche Form der autoritären Führung ist, denn es bedarf weiterhin eines behutsamen Abwägens, welcher Stil in einer speziellen Situation geeignet erscheint.

Rollen einer Führungskraft

In Ihrer Rolle als Führungskraft denken und handeln Sie anders, als in Ihrer Rolle als Privatperson oder in Ihrer Rolle als Kollege. Was ist damit gemeint?

In Ihrer Rolle als Kollege hatten Sie vermutlich zu den Kollegen, die Ihnen sympathisch waren, intensiveren Kontakt. Dies ist ein ganz normales Verhalten. In Ihrer Rolle als Führungskraft denken und handeln Sie jetzt anders. Gerade die Mitarbeiter, die Ihnen vielleicht nicht so liegen, sind Ihre Herausforderung, an der Sie wachsen können. Sollten Sie aus Sympathiegründen diese Mitarbeiter vernachlässigen, so kommen Sie immer stärker in ein Motivationsproblem, denn die Frage, die sich stellt, lautet: Wie finde ich den Schlüssel zu diesem Menschen? (Denn Führen bedeutet ja Menschen zu bewegen!)

In Ihrer Position als Führungskraft werden vom Unternehmen und von den Mitarbeitern bestimmte Erwartungen an Sie gestellt. Diese Erwartungen basieren auf bestimmten Führungsrollen und Werten, denen Sie als Führungskraft gerecht werden müssen.

Rolle als Kommunikationsmanager

In dieser Rolle sind Sie ausgleichend und beherrschen die Kunst der Gesprächsführung, um gemeinsam mit Ihren Mitarbeitern Lösungen für ein Problem zu finden. Sie bereiten gleichsam den Nährboden, auf dem herausragende Leistung gedeihen kann. Sie beherrschen die Techniken der non-direktiven (motivierenden) Gesprächsführung und setzen diese gezielt ein, um den Mitarbeiter zu bewegen.

Rolle als Leistungsmanager

Um ein Schiff zu steuern, bedarf es wichtiger Navigationsinstrumente. Die Führungskraft beherrscht die wesentlichen Führungsinstrumente und wendet diese an, damit ihr das Ruder nicht aus den Händen gleitet. Zugleich setzen die Führungsinstrumente hilfreiche Spielregeln für die Zusammenarbeit zwischen Führungskraft und Mitarbeiter fest.

Rolle als Teammanager

In dieser Rolle wissen Sie um gruppendynamische Prozesse und steuern Ihr Team behutsam, um Veränderungsprozesse gemeinsam mit Ihrem Team zu gestalten. Vor allem die Techniken und Methoden der Moderation helfen Ihnen dabei, sowohl das Teamklima zu fördern als auch mit Ihrem Team gute Leistungen zu erbringen. Um die Leistung Ihres Teams zu steigern, setzen Sie zum Beispiel den Teammeter ein (siehe Seite 170 f.).

Als Führungskraft denken Sie anders!

Auffallend ist, dass die meisten Menschen bei Konflikten oder Problemen eine andere Person dafür verantwortlich machen; man denkt in Schuldzuweisungen.

So äußerte sich beispielsweise ein Teamleiter dahingehend, dass seine Mitarbeiter kein Interesse daran hätten, sich in Besprechungen zu beteiligen und Lösungen für Probleme zu suchen, wo er doch extra einen regelmäßigen „Jour fixe" für die Mitarbeiter anberaumt hätte.

Auf Nachfrage erklärte er, dass er sich sorgfältig auf diese Besprechungen vorbereite, die zu besprechenden Punkte auf ein Flipchart notiere, wie im Moderationsseminar gelernt, und diese Punkte einen nach dem anderen bearbeite. Erst als alle Punkte bespro-

Wichtig ist, das bereits Erreichte herauszustellen und nicht darauf zu pochen, dass das Ergebnis immer noch nicht den Erwartungen entspricht.

chen waren, wobei dieser Teamleiter meist selbst wesentlich zur Lösungsfindung beigetragen hatte, wurde die Frage gestellt, welche anderen Themen und Probleme aus Sicht der Mitarbeiter noch zu besprechen seien. Alles blieb still, obwohl bekanntlich etliche Probleme in der Gruppe bestanden.

Was macht er falsch? Er denkt nicht in Prozessen, nicht im WIE gestalte ich Prozesse, sondern er folgt einem Ursache-Wirkung-Denken, innerhalb dessen der Mensch mit großer Wahrscheinlichkeit als Ursache gesehen wird. Als er überlegte, wie er die Besprechung anders gestalten könnte, um die Mitarbeiter zu aktivieren, kam er auf den Gedanken, lediglich den Ablauf seiner Besprechungen umzudrehen. Zuerst wurden die Teilnehmer nach ihren Themen befragt und erst danach wurden die anderen Tagesordnungspunkte bearbeitet. Jetzt herrschte eine rege Beteiligung von Seiten seiner Mitarbeiter. Die Mitarbeiter waren nicht daran gewöhnt, 30 Minuten konzentriert zuzuhören und erst dann befragt zu werden. Nach längerem Zuhören wurden sie einfach nur müde und nahmen eine „Fernsehsesselhaltung" ein. Erst nachdem sie für sich einen persönlichen Nutzen erkannten und ihre Probleme bearbeitet wurden, waren Sie motiviert, auch andere Ideen und Informationen anzuhören.

Eine Führungskraft sieht also Probleme und Schwierigkeiten zuerst nicht durch Personen verursacht, sondern versucht Prozesse und Abläufe so zu gestalten, dass sich Veränderungen und Verbesserungen entwickeln können.

Sie denken in Prozessen und in Ergebnissen.
Beachten Sie jedoch: Auch wenn das Ergebnis noch nicht Ihren Erwartungen entspricht, so kann der Mitarbeiter dennoch auf dem richtigen Weg sein. Sollte er auf dem richtigen Weg sein, so bekräftigen und bestärken Sie ihn darin, größere Anstrengungen in diese Richtung zu unternehmen.

	Prozess negativ	Prozess positiv
Ergebnis positiv	Ein sehr gefährlicher Zustand, da das Ergebnis positiv ist, kann der Eindruck entstehen, es besteht kein Handlungsbedarf. Dabei sind vielleicht nur die Marktbedingungen so günstig, dass der Erfolg sich einstellen muss.	Das Ergebnis und der Prozess sind positiv. Dieser Zustand ist anzustreben.
Ergebnis negativ	Hier ist überlegtes Handeln das Gebot der Stunde. Dies ist jedoch nicht mit Aktionismus gleichzusetzen.	Hier ist die Führungskraft als Coach und Begleiter gefordert. Der Mitarbeiter ist auf dem richtigen Weg und benötigt eine systematische und gezielte Unterstützung.

Wie motivieren Sie Ihre Mitarbeiter?

Wie kann ich meine Mitarbeiter motivieren? Diese Frage stellt sich über kurz oder lang jeder Führungskraft. Hierbei spielt das Menschenbild, d. h. die Art und Weise mit welcher Grundhaltung Sie Ihren Mitarbeitern begegnen, eine wichtige Rolle.

Es gibt nun verschiedene Möglichkeiten, die Leistungsbereitschaft der Mitarbeiter zu fördern, aber auch zu hemmen. Ausgangspunkt ist, dass die Mitarbeiter grundsätzlich Leistung

Was bedeutet Führen?

erbringen wollen, Initiative und Einsatzwillen zeigen. Dieses Wollen ist jedoch relativ anfällig und auch bei manchen Mitarbeitern im Laufe der Berufsjahre ganz verkümmert.

Ausreichende Kompetenzen

Gefördert wird die Leistungsbereitschaft z. B. durch ausreichende Kompetenzen des Mitarbeiters. Die Aufgabe als Führungskraft ist es, zu erkennen, welche Kompetenzen für die Erledigung bestimmter Aufgaben notwendig sind und diese bei den Mitarbeitern sicherzustellen bzw. ausbilden zu lassen. Wollen hat etwas mit Können zu tun.

Verantwortung

Die Leistungsbereitschaft wird darüber hinaus durch die Möglichkeit beeinflusst, etwas tun zu dürfen. Hat ein Mitarbeiter eine Aufgabe übertragen bekommen, muss jedoch bei jeder Entscheidung bei seinem Vorgesetzten vorsprechen, so wird ihn das auf Dauer langweilen. Wird ihm stattdessen neben den Kompetenzen auch die Verantwortung übertragen, spürt der Mitarbeiter die Herausforderung und weiß, diese im Normalfall konstruktiv umzusetzen. Immerhin hat er ja das Detailwissen, mit dem er die Entscheidungen vorbereitet. Hierbei muss natürlich abgewogen werden, wie groß die Tragweite der Entscheidung ist, welche Erfahrungen der Mitarbeiter darin hat und an welcher Stelle Sie als Führungskraft unterstützend zur Stelle stehen müssen.

Es geht bei der Motivation also nicht darum, „am Schräubchen zu drehen" und den Mitarbeiter irgendwie dazu zu bringen, etwas zu wollen. Er allein entscheidet darüber, ob er will oder nicht. Sie können aber sehr wohl die Leistungsfähigkeit und -möglichkeit beeinflussen, indem Sie sinnvolle Handlungsspielräume für Ihre Mitarbeiter schaffen. Dadurch, dass Sie die für die Fähigkeiten und Fertigkeiten des Mitarbeiters notwendigen Spielräume schaffen, vermeiden Sie Demotivation und schaffen den Nährboden, auf dem Motivation gedeihen kann.

Führen
bedeutet also, Bedingungen zu schaffen, damit Mitarbeiter und Teams ihr volles Potenzial ausschöpfen können, um definierte Leistungen zu erreichen. Motivation ist somit nicht direkt produzierbar, sondern ist ein Resultat aus Umfeldbedingungen, Führungsverhalten und persönlicher Einstellung.

Motivationsfaktoren

Im Folgenden finden Sie eine Auflistung derjenigen Verhaltensweisen, die Mitarbeiter nachhaltig motivieren, wenn diese durch die Führungskraft authentisch gelebt werden.

Begrüßen

Bauen Sie einen guten Kontakt zu Ihrem Mitarbeiter auf, indem er sich durch Sie wahrgenommen fühlt. Je niedriger die Position eines Mitarbeiters oder je niedriger der Selbstwert eines Menschen ist, desto wichtiger ist es für diesen, dass er durch Sie begrüßt und damit wahrgenommen wird. Es freut einen Menschen, wenn Sie ihm die Hand reichen und sich in einem kurzen Gespräch nach seinem Wohlbefinden erkundigen. Es sind oft wenige freundliche und aufmunternde Worte, die eine gute Grundlage für eine produktive Zusammenarbeit legen.

Beachten

Menschen wollen beachtet werden. Was bedeutet dies konkret? Jeder Mensch möchte das Gefühl haben, dass er wichtig ist, dass seine Meinung zählt, dass er gehört wird. Wenn Sie Menschen so behandeln, wie Sie glauben, dass diese sind, machen Sie diese mitunter schlechter. Wenn Sie Ihre Mitarbeiter allerdings so behandeln, wie Sie glauben, dass sie sein könnten, machen Sie diese besser und motivieren sie zu höheren Leistungen.

Welchen starken Einfluss Erwartungen auf einen Menschen haben, ist in der Medizin und der Psychologie allseits bekannt. In einem Experiment wurde dies eindrucksvoll gezeigt: Lehrer hatten zwei Schulklassen zu unterrichten. Die Schüler der einen Klasse wurden als enga-

Wie motivieren Sie Ihre Mitarbeiter?

giert und intelligent dargestellt, während die Schüler der anderen Klasse als weniger engagiert, faul und weniger intelligent bewertet wurden. Dies wurde den Versuchspersonen glaubhaft vermittelt. Wie reagiert nun ein Lehrer, wenn er weiß, sein Schüler ist intelligent und hat etwas nicht verstanden? Er versucht diesem intelligenten Schüler die Aufgabe solange zu erklären, bis er sie verstanden hat, da er ja weiß, er wird es verstehen, weil er intelligent ist. Was geschieht im Fall des scheinbar weniger intelligenten Schülers? Der Lehrer geht unbewusst davon aus, dass dieser Schüler es nicht verstehen wird, da er weniger intelligent ist und erklärt ihm die Zusammenhänge weniger motiviert, weil er nicht an ihn glaubt. Obwohl beide Schülergruppen in Wahrheit den identischen Intelligenzquotienten besaßen, hatte die scheinbar intelligentere Schülergruppe am Ende des Schuljahres die besseren Noten als die scheinbar weniger intelligente. Das bedeutet, die Schüler der intelligenten Gruppe wurden von den Lehrern in stärkerem Maß positiv beachtet.

Diese Untersuchung ist ein schönes Beispiel für das Phänomen der Self-fulfilling Prophecy (Sich selbst erfüllende Prophezeiung) und zeigt zugleich, wie Ihre positive oder negative Beachtung das Verhalten und die Leistungsfähigkeit Ihrer Mitarbeiter beeinflusst. Diese Prozesse sind Ihnen allerdings im Alltag nicht bewusst. Also beachten Sie Ihre Mitarbeiter und trauen Sie Ihren Mitarbeitern etwas zu. Je mehr Sie von Ihren Mitarbeitern erwarten, desto mehr sind diese im Stande zu leisten. Trauen Sie Ihren Mitarbeitern dagegen wenig zu, sinkt auch deren Leistung. Das bedeutet jedoch nicht, dass Sie Ihre Mitarbeiter zu unrealistischen Zielen drängen sollten, denn dann geben Ihre Mitarbeiter bald auf und leisten weniger als sie könnten.

Hinter diesem Begriff der Beachtung verbirgt sich jedoch noch ein anderer Aspekt. Einer meiner Mentoren verblüffte mich einmal mit der Frage, die eine Führungskraft sich am Anfang seiner Karriere zu stellen habe. Diese Frage lautete

Lieben Sie die Menschen und wollen Sie mit ihnen wirklich arbeiten?

„Liebst Du die Menschen?" In meinen weiteren Überlegungen kam ich zu dem Schluss, dass dies eine wichtige und notwendige Frage ist, die man sich als Führungskraft zu stellen hat. Denn als Führungskraft werden Sie Menschen führen müssen, die Ihnen sympathisch sind und auch welche, die Ihnen unsympathisch sind. Sie werden mit Menschen zu tun haben, die zuverlässig und engagiert sind und auch mit solchen, bei denen man Leistung permanent einfordern muss oder solchen, die man immer erst in langatmigen Diskussionen überzeugen muss.

Benachrichtigen

Als Führungskraft sollte man Informationen speziell für die Mitarbeiter „zugeschnitten" weitergeben. Das heißt, die Informationen werden durch die Führungskraft in einem Format präsentiert, welches das Ziel hat, den Informationsinhalt empfängerorientiert zu verpacken. Neben der Wortwahl ist dabei auf Kürze und Verständlichkeit zu achten.

Es kann bei manchen Führungskräften beobachtet werden, dass Sie eine Information folgendermaßen weitergeben: „Wir sollen Folgendes tun …" Jetzt wird ausführlich beschrieben, was das Team machen soll. Durch das Wort „sollen" entsteht bei den Mitarbeitern der Eindruck, dass die Führungskraft sich nicht mit den Aufgaben identifiziert und diesen skeptisch gegenüber steht.

Sie fragen sich jetzt vielleicht, wie kann ich es denn formulieren, wenn ich meine Mitarbeiter über eine Aufgabe informiere, hinter deren Ausführung ich nicht stehe. Ich handle ja schließlich auch nur auf Anweisung von oben! Das ist schon richtig, aber seien Sie authentisch und ehrlich und dabei motivierend. Jeder Ihrer Mitarbeiter ist erfahren genug, um zu wissen, dass man sich nicht immer im Leben durchsetzen kann. Erklären Sie, dass Sie sich in der Diskussion mit Ihrem Vorgesetzten mit Ihren Argumenten nicht durchsetzen konnten, dass Sie aber trotzdem von Ihren Mitarbeitern erwarten, die Aufgabe mit aller Kraft umzusetzen. Jetzt haben Ihre Mitarbeiter verstanden, dass Sie zwar einen anderen Standpunkt einnehmen, dass es aber notwendig ist, diese Aufgabe mit aller Kraft umzusetzen.

Belobigen

Ihr Verhalten Ihrem Mitarbeiter gegenüber sollte grundsätzlich von Wertschätzung zeugen, auch dann, wenn er einen Fehler gemacht hat.

Aus der Psychologie wissen wir, dass die Angst und die Befürchtung, man könnte einen Fehler machen, etliche Mitarbeiter davon abhält, innovative Ideen mitzuteilen, geschweige denn umzusetzen. Viele Widerstände, die einem von Mitarbeiterseite entgegengebracht werden, insbesondere, wenn es darum geht, als Führungskraft Veränderungen einzuführen, haben ihren Ursprung in Unsicherheit und Angst. Aus diesem Grund ist es förderlich, wenn Sie eine Führungskultur und damit eine Teamkultur aufbauen, in der die Mitarbeiter angstfrei agieren können. Dadurch, dass Ihre Mitarbeiter erleben, dass Sie Ihnen, auch wenn Fehler geschehen sein sollten, mit Wertschätzung begegnen, tragen Sie entscheidend dazu bei.

Anderen Menschen mit Wertschätzung zu begegnen, ist eine Frage der inneren Haltung und darf nicht damit verwechselt werden, alles immer schön zu reden. Es macht zum Beispiel einen großen Unterschied, ob Sie zu einem Mitarbeiter sagen „Das hätten Sie aber besser machen können." oder ob Sie zu ihm sagen „Ich möchte Ihnen gerne etwas sagen, weil ich möchte, dass Sie in Ihrem Aufgabenbereich noch erfolgreicher werden. Mir ist Folgendes aufgefallen …"

Begründen

Wenn Sie eine Entscheidung getroffen haben, so ist es zum Nachvollziehen Ihrer Entscheidungsfindung notwendig und hilfreich, Ihren Mitarbeitern Ihre Beweggründe mitzuteilen. Dabei weisen Sie auf die Vorteile und die Chancen hin, die Sie mit dieser Entscheidung verbinden. Verschweigen Sie jedoch auch die Risiken und eventuelle Nachteile nicht, denn jede Entscheidung hat Vor- und Nachteile. Agieren Sie nicht wie ein „Marktschreier", der seine Waren anpreisen muss, sondern argumentieren Sie differenziert. Dadurch wirken Sie abwägend und authentisch in Ihrem Vorgehen und die Mitarbeiter sind eher bereit, Ihnen auf diesem Weg zu folgen.

Befragen

Wer intelligent fragt, der führt und bewegt Menschen zu außerordentlichen Leistungen. Menschen fühlen sich dann Ernst genommen und wertgeschätzt, wenn sie befragt werden. Wenn Menschen das Gefühl vermittelt wird, sie werden in Entscheidungsprozesse einbezogen, dann sind sie auch eher bereit, Kompromisse einzugehen. Menschen benötigen das Gefühl der Entscheidungsfreiheit. Nimmt man Ihnen dieses Gefühl, so reagieren sie mit offener oder verdeckter Leistungsverweigerung.

> **Wer intelligent fragt, der führt und bewegt Menschen zu außerordentlichen Leistungen.**

Bitten

Dieser Motivationsfaktor ist im Grunde genommen auf der einen Seite eine Selbstverständlichkeit, auf der anderen Seite kann man jedoch immer wieder beobachten, dass in emotional stressigen Situationen der falsche Ton angeschlagen wird. Achten Sie auf Ihre Sprache, und sollten Sie einmal, hoffentlich selten, daneben gelegen haben, so entschuldigen Sie sich – bitte.

Belohnen

Aus der Verhaltenswissenschaft wissen wir, dass sowohl positives als auch negatives Feedback motivierend sein kann, wenn es authentisch ist und so formuliert wird, dass der Mitarbeiter für sich einen Nutzen erkennen kann.

In Seminaren ist ein sehr häufig wiederkehrender Beitrag: „Ich bekomme von meinem Vorgesetzten kein Lob, wenn ich etwas gut gemacht habe" oder „Ich bekomme nie Feedback, maximal im jährlichen Beurteilungsgespräch". Diese Haltung scheint bei uns in Europa gängige Praxis zu sein. Eine Ursache liegt vermutlich in unserer Erziehung. Wenn man beobachtet, welche Art von Feedback Kinder erhalten, so kann man feststellen, dass die überwiegende Anzahl des Feedbacks negativ ist. „Wie isst Du schon wieder!", „Setz Dich gerade hin!", „Du musst in Latein besser werden" usw. Wenige Eltern verstärken ihre Kinder in der Art: „Ich sehe, dass Du zwar immer noch eine fünf in Latein hast, merke allerdings, dass Du in letzter Zeit jeden Tag eine Stunde Vokabeln lernst und bin überzeugt davon, wenn Du so weiter machst, wird sich die Note langsam verbessern!" Diese Art von Feedback wird vermutlich den ein oder andern befremden, doch denken Sie nach, was motiviert Menschen wirklich?

Zum Belohnen gehört auch die andere Seite der Medaille, nämlich die Kritik. Wie eine Kritik formuliert wird, ist eine Frage der inneren Einstellung einer Führungskraft. Diese Haltung kann sich zum Beispiel auf diese Art zeigen: Mein Mitarbeiter macht einen Fehler, also sage ich ihm dies, damit er dies in Zukunft besser macht. Diese Haltung ist weit verbreitet und stößt vermutlich auf Ablehnung beim Empfänger. Wenn Sie Ihrem Mitarbeiter allerdings den Nutzen der Kritik vor Augen führen, ist er bereit, sich diese anzuhören und auch anzunehmen. Das bedeutet, Sie erklären dem Mitarbeiter, dass Sie ein großes Interesse daran haben, dass er noch erfolgreicher ist. Genau dies ist der Grund, weshalb Sie ihm Ihr Feedback geben, damit er in seinem Aufgabenbereich noch besser wird. Dies ist nicht mit der Haltung zu verwechseln: „Ich will doch nur Ihr Bestes".

Beschützen

So wie beim Motivationsfaktor des Beachtens geht es auch in diesem Fall darum, eine angstfreie und innovative Teamkultur aufzubauen. Ihr Mitarbeiter hat den Eindruck und das Gefühl, dass Sie hinter ihm stehen – auch in schlechten Zeiten.

Zum Ausdruck kommt dies auch dadurch, dass Sie seine Leistungen gegenüber Dritten nicht als Ihre Ideen darstellen, sondern explizit betonen, dass dies eine Idee Ihres Mitarbeiters war. Leider gilt dies nicht für den umgekehrten Fall. Hat Ihr Mitarbeiter eine Aufgabe nicht so wie geplant ausgeführt, ist es notwendig, dass Sie gegenüber Dritten die Schuld auf sich nehmen. Sobald Sie den Eindruck erwecken, Sie wollten sich rechtfertigen und die Schuld öffentlich bei Ihrem Mitarbeiter suchen, wirken Sie als schwache Führungskraft.

Begleiten

In Zusammenhang mit dem bekannten „Begleiten und Coachen" kommt immer wieder auch das Begriffspaar „Fördern und Fordern" ins Spiel. Was ist damit gemeint?

Damit mein Mitarbeiter in seinem Können einen Schritt weiter kommt, ist es notwendig, dass ich ihn bei der Bewältigung einer Aufgabe begleite, d. h. fördere. Dabei bin ich als Führungskraft in der Rolle eines „Beraters" und „Coaches", der den Mitarbeiter nach einem gemeinsam definierten Plan berät. Diese Form der Beratung geschieht oft über Fragetechniken und Techniken aus der Gesprächsführung, damit der Mitarbeiter selber geeignete Lösungen findet. Neben diesem Ansatz, Lösungen gemeinsam zu erarbeiten, wird der Mitarbeiter durch den Coach auch zu bestimmten Verhaltensweisen aufgefordert. Er fordert auch Dinge ein, damit sich der Mitarbeiter in eine bestimmte

Richtung bewegt, denn Führen bedeutet, Mitarbeiter zu bewegen, auf Dauer und zielorientiert.

Bewerten

Zum Führen gehört auch, dass Sie Ihre Mitarbeiter regelmäßig bewerten. In vielen Unternehmen findet jährlich eine Mitarbeitereinschätzung statt. Wenn diese Einschätzung nach einem transparenten System vorgenommen wird und der Maßstab dem Mitarbeiter bekannt ist, so kann sie eine nützliche Form der Standortbestimmung sein.

Allerdings ist die Art und Weise der Mitarbeiterbewertung wiederum eine Frage der Haltung. Es gibt keinen objektiven Maßstab, sondern, trotzt aller Bemühungen auf Seiten der Führungskraft, werden natürlich persönliche Sichtweisen und ein persönlicher Leistungsmaßstab in eine Bewertung einfließen – mehr oder weniger. Auf dieses Mehr oder Weniger kommt es allerdings an. Seien Sie sich bewusst, dass die Bewertung von Leistung und Verhalten ein Gefühl der Abwertung erzeugen kann.

Bedrohen

Sollte sich ein Mitarbeiter, trotz mehrmaligem und intensivem Bemühen der Führungskraft und mehrerer Feedback-Gespräche, den Wertmaßstäben des Unternehmens nicht anpassen, so ist es notwendig, ihm in Form einer „Ich-Botschaft" Rückmeldung über sein Verhalten zu geben und Konsequenzen mit Blick auf sein Verhalten anzudrohen. Bei einem solchen Gespräch ist es eventuell notwendig, sich im Vorfeld mit dem direkten Vorgesetzten, Personalabteilung und/oder Betriebsrat abzustimmen.

Befehlen

Nach dem Sie Ihrem Mitarbeiter die Hintergründe für bestimmte Aufgaben und Verhaltensweisen erklärt haben, kann es sehr wohl erforderlich sein, ihn aufzufordern, diese Maßnahmen umzusetzen. Dabei kennt und versteht der Mitarbeiter den Rahmen, in dem er sich bewegt. Die Entscheidungen und Anweisungen werden nicht willkürlich getroffen. Dies kann man jedoch in der Führungspraxis leider immer wieder beobachten.

Bestrafen

Sollte der Mitarbeiter trotz mehrmaliger Gespräche und Bitten, den Aufforderungen nicht nachkommen, so ist es notwendig und richtig, konsequent die angedrohten Maßnahmen und Sanktionen durchzuführen. Dies ist auch mit Blick auf das gesamte Team notwendig, da sonst der Eindruck entstehen könnte, einem Teammitglied werden Sonderrechte eingeräumt.

Natürlich sind die Sanktionen mit dem direkten Vorgesetzten und anderen wichtigen Stellen im Unternehmen (Personalabteilung; Betriebsrat) abzustimmen.

Kommunikationsmanager

Als soziales Wesen ist der Mensch auf die Interaktion mit anderen angewiesen. Wir möchten unsere eigenen Ideen und Gedanken anderen mitteilen und uns darüber austauschen. Mittels Kommunikation setzt sich der Mensch mit seiner Umwelt auseinander. Das kann entweder verbal, d. h. mittels des gesprochenen Wortes, oder nonverbal mittels Gestik, Mimik, Tonfall und Körperhaltung geschehen. Kommunikation ist somit ein menschliches Grundbedürfnis.

Was passiert eigentlich bei der Kommunikation?

Natürlich kann jeder Mensch kommunizieren, aber die Art und Weise der Kommunikation beeinflusst in großem Maß den Ausgang eines Gesprächs. Wie Sie das Gespräch steuern, was Sie wann wie sagen, entscheidet über Erfolg oder Misserfolg eines Gesprächs.

Unter Kommunikation wird im Folgenden jegliche Form des zwischenmenschlichen Informationsaustausches (interpersonelle Kommunikation) verstanden. Dies kann direkt von Person zu Person oder über ein Medium wie das E-Mail geschehen. Jede Form schließt auch das nonverbale Verhalten (Gestik, Mimik usw.) mit ein. Daneben kommen aber auch noch hinsichtlich der Kommunikation Ihre Gedanken, Ihre Vorstellungen, Ihre Haltung oder Ihre Einstellung zu dem anderen Menschen bei der Kommunikation zum Tragen (intrapersonelle Kommunikation). Denn es macht einen großen Unterschied für den Verlauf eines Gesprächs, ob Ihnen ein Mensch sympathisch oder unsympathisch ist. Dem sympathischen begegnen Sie vielleicht mit einem kaum wahrnehmbaren Lächeln, das von der anderen Seite erwidert wird und so den weiteren Gesprächsverlauf positiv beeinflusst. Dem Menschen, der Ihnen nicht so sympathisch ist, begegnen Sie freundlich distanziert. Diese Signale werden durch das Verhalten des anderen gespiegelt und beeinflussen den weiteren Gesprächsverlauf. Es wird vermutlich ein distanziertes Gespräch bleiben.

Unsere Interpretation der Situation und des Gegenübers beeinflusst die Kommunikation.

Kommunikation findet immer auf verschiedenen Ebenen statt. Mit diesem Hintergrund lässt sich auch der folgende Satz verstehen. „Nicht das Ding an sich ist das Problem, sondern die Art und Weise, wie Sie die Dinge interpretieren und bewerten." Was bedeutet dies und was hat das mit Kommunikation und Gesprächsführung zu tun?

Wir wissen, dass die menschliche Wahrnehmung subjektiv ist und ein und dieselbe Situation von Menschen unterschiedlich interpretiert und bewertet werden kann. Dies ist zwar keine neue Erkenntnis, sie fließt allerdings in die Gestaltung unseres Führungsalltags zu wenig ein, denn sonst würde man genauer hinhören und genauer hinterfragen, was von Seiten des Mitarbeiters wirklich mitgeteilt wird. In diesem Zusammenhang gilt es auch zu lernen, zwischen Tatsachen und Vermutungen zu unterscheiden.

Verzerrungen in der Kommunikation

Die Frage stellt sich, wie Verzerrungen in der Kommunikation immer wieder entstehen können und weshalb es zu Missverständnissen zwischen Führungskraft und Mitarbeiter kommen kann. Zum Verständnis eignet sich ein Bild aus der Kindheit. Vielleicht haben Sie als Kind auch das Spiel „Stille Post" gespielt. Das erste Kind flüstert dem nächsten eine Information ins Ohr und dieser Vorgang wird bis zum letzten Kind fortgesetzt. Bis dahin hat sich die ursprüngliche Information stark verändert. Daraus folgt, dass eine Information von jeder Person anders interpretiert wird und sich dadurch verändert.

Gedacht ist noch lange nicht gesagt. Gesagt ist noch lange nicht gehört.

Vielleicht kennen Sie das, Sie wollen einen Sachverhalt genau erklären und Ihnen fehlen die Worte. Oder es handelt sich um eine komplexe Angelegenheit, und es fällt Ihnen schwer, die richtigen Worte zu finden. Außerdem beeinflussen Ihre Einstellung und Ihre Gefühle, die durch den anderen ausgelöst werden, das, was Sie sagen und

Gehört ist noch lange nicht verstanden. Verstanden ist noch lange nicht einverstanden.

wie Sie es sagen, entscheidend. Hier findet bereits die erste Verzerrung in der Kommunikation statt.

Die nächste Verzerrung entsteht an der Schnittstelle Sagen und Hören. Ist Ihr Gesprächspartner wirklich aufmerksam und konzentriert? Ist das Umfeld wirklich leise, so dass man alles gut verstehen kann? An dieser Schnittstelle erleben wir die zweite Verzerrung einer Nachricht.

Hat das Gegenüber wirklich verstanden, was gemeint war? Wir benützen die gleichen Worte, meinen wir aber auch dasselbe damit? Wenn ein Schwabe sagt, sein Fuß tut ihm weh, was meint er wirklich? Meint er den Fuß bis zum Knöchel oder auch seinen Unterschenkel. Der Begriff „Fuß" wird im schwäbischen Dialekt weiter gefasst und bezieht den Unterschenkel mit ein. Verstehen wir also unter den Begriffen, die wir benützen wirklich dasselbe? Sie finden sicherlich Beispiele aus Ihrem Umfeld, wo es zu Missverständnissen kam, weil wir die gleichen Begriffe benützen, jedoch unterschiedliche Dinge meinen. In einem Team kam es zu Differenzen zwischen dem Leiter und einer Mitarbeiterin. Um diese Differenzen auszuräumen, wurden die gegenseitigen Erwartungen besprochen. Eine Erwartung der Mitarbeiterin an den Vorgesetzten war, dass er sie fair und gerecht behandle. Der Vorgesetzte war damit einverstanden, diese beiden Erwartungen zu erfüllen. Hierdurch war bereits der nächste Konflikt vorprogrammiert, denn er hinterfragte nicht, was diese beiden Erwartungen konkret bedeuten. Die eine Erwartung bedeutete nämlich für die Mitarbeiterin, dass der Vorgesetzte jeden Tag freundlich zu ihr sein soll.

Nachrichten überprüfen

Wenn man als Führungskraft eine Aufgabe delegiert, kann es sehr hilfreich sein, den Mitarbeiter am Ende des Gespräches kurz den Auftrag zusammenfassen zu lassen, um zu prüfen, ob die Nachricht vollständig angekommen ist. Sagen Sie jedoch nicht: „Bitte fassen Sie die Aufgabe kurz zusammen, damit ich sehen kann, ob Sie alles verstanden haben." So eine Aussage wäre gegenüber dem Mitarbeiter nicht sehr freundlich und könnte als mangelnde Wertschätzung interpretiert werden. Günstiger ist die Formulierung, „Bitte, fassen Sie die Aufgabe kurz zusammen, damit ich sehen kann, ob ich nichts vergessen habe und Ihnen alle notwendigen Informationen gegeben habe."

Ein Mitarbeiter kann die Information oder Anweisung verstanden haben, diese jedoch ablehnen. Dies führt zu einer weiteren Schnittstelle, die eine Verzerrung der Kommunikation zulässt. Diese Ablehnung kann für die Führungskraft erkennbar oder verdeckt sein und dadurch auf den ersten Blick eben nicht erkennbar sein. Offener Widerstand bietet für eine Führungskraft die Möglichkeit der Auseinandersetzung. Viel schwieriger wird es jedoch bei verdecktem Widerstand. Durch ein regelmäßiges Controlling werden die Aktivitäten des Mitarbeiters verfolgt; er wird bei Bedarf unterstützt.

Feinde menschlicher Kommunikation

Die drei „Hauptfeinde" der menschlichen Kommunikation sind

1. die Interpretation,
2. das Verallgemeinern und Generalisieren und
3. die ungenaue Wahrnehmung oder Tilgung von Wahrnehmbarem.

Interpretation

Jede Information, jede Gestik, jedes Verhalten des Gegenübers wird von uns immer interpretiert. Unter diesem Blickwinkel ist auch ein Grundsatz aus der Kommunikation zu betrachten, der lautet: „Man kann nicht nicht kommunizieren." Unabhängig davon, wie eine Person sich verhält, oder auch nicht verhält, alles wird durch das Umfeld interpretiert. Entscheiden Sie sich dafür, in Besprechungen eher ruhig und zurückhaltend zu sein, um nichts falsch zu machen oder um nicht negativ aufzufallen, so ist dieses Nichtverhalten auch Verhalten und wird durch das Umfeld interpretiert. Eine positive Interpretation wäre, er ist „etwas schüchtern". Eine eher negative Interpretation wäre „ihn interessiert das hier nicht, er ist nicht so engagiert".

Weshalb interpretieren Menschen eine Situation auf unterschiedliche Art und Weise? Stellen Sie sich vor, jeder Mensch besitzt eine andere Brille. Durch diese Brille nimmt er seine Umgebung war. Diese Brille ist wie ein Betriebssystem und arbeitet individuell unterschiedlich. Dieses Betriebssystem wird beeinflusst durch unsere Wertvorstellungen, unsere Erfahrungen, unsere Urteile und Vorurteile, unsere Einstellung zu gewissen Dingen. Diese Brillen beeinflussen unsere Wahrnehmung und unsere Interpretation des Wahrgenommenen. Erst wenn Sie Ihren Gesprächspartner in seiner Interpretation seines Umfeldes verstehen, oder anders ausgedrückt, erst wenn Sie seine Brille, seine Sicht der Dinge verstehen, können Sie eine sinnvolle Vermittlung in der Gesprächsführung durchführen. Solange Sie die Brille, die Sicht Ihres Mitarbeiters nicht verstehen, nützen auch die besten Argumente nichts, da diese an dem Mitarbeiter abprallen.

Generalisieren

Menschen neigen dazu, Einzelereignisse zu verallgemeinern und dadurch zu falschen Rückschlüssen zu gelangen. Zwar helfen uns diese Verallgemeinerungen, unsere Umwelt zu strukturieren und zu vereinfachen, die Gefahr besteht jedoch, dass man zu falschen Urteilen und Schlüssen kommt. „Die von der anderen Abteilung haben doch keine Ahnung" oder in der Art wie „die schon wieder!" helfen nicht wirklich, das Arbeitsklima in einem Team zu verbessern und dadurch die Wertschöpfung in einem Unternehmen zu steigern. Verallgemeinerungen dieser Art sind für die Kommunikation kontraproduktiv.

Tilgung

Eine ungenaue Wahrnehmung oder Tilgung von Wahrnehmbarem birgt die Gefahr in sich, dass bestimmte Ereignisse und Veränderungen nicht wahrgenommen werden.

So bemüht sich ein Mitarbeiter nach einer Schulung wirklich ernsthaft das Gelernte umzusetzen. Dies gelingt ihm jedoch nur unmerklich und in kleinen Schritten. Sollte eine Führungskraft diese Fortschritte nicht wahrnehmen und negieren, weil sein Raster in der Wahrnehmung zu grobmaschig ist und ihm dadurch diese minimalen Entwicklungsschritte nicht auffallen, so führt dies zu einer erheblichen Demotivation des Mitarbeiters.

> **Zusammenfassung**
> – Man kann nicht nicht kommunizieren, denn alles, ob reden oder schweigen, handeln oder nicht handeln, ist Kommunikation.
> – Jede Kommunikation ist prinzipiell mehrdeutig.
> – Nicht die Absicht, sondern die Wirkung bestimmt den weiteren Verlauf der Kommunikation.

Modelle der Kommunikation

Kommunikation ist der Austausch von Botschaften, Nachrichten und Informationen zwischen einem Sender und mindestens einem Empfänger. Der Grundvorgang der zwischenmenschlichen Kommunikation lässt sich einfach beschreiben: Ein Sender möchte etwas mitteilen. Seine Botschaft hat einen bestimmten Inhalt, der in eine bestimmte Form gekleidet ist. Der Sender verschlüsselt (kodiert) somit seine Nachricht in erkennbare Zeichen und der Empfänger übersetzt diese Botschaft in seinen Zeichenvorrat, d.h., er entschlüsselt (dekodiert) die Nachricht. Häufig gibt der Empfänger dem Sender eine offene oder unterschwellige Rückmeldung (Feedback) darüber, wie er die Nachricht entschlüsselt hat, wie sie bei ihm angekommen ist. In der Regel stimmen gesendete und empfangene Nachricht leidlich überein, sodass die Gesprächspartner glauben, eine eindeutige Verständigung habe stattgefunden.

Jede Botschaft beinhaltet mehrere Aspekte und der Empfänger entscheidet meist unbewusst, welche Seite der Botschaft er wahrnimmt. Wahrnehmen bedeutet, durch die individuelle Brille Informationen zu filtern. Was der Empfänger herausfiltert, kann von verschiedenen Faktoren abhängen: seinen Empfangsgewohnheiten, seiner Beziehung zum Sender, seiner augenblicklichen Stimmung oder von der Struktur seiner Erfahrungen.

Eisbergmodell

Stellen Sie sich folgende Situation vor. Sie machen eine Pause an einer Autobahnraststätte und trinken einen Kaffee. Ein gut gekleidetes Ehepaar betritt die Raststätte, trinkt ebenfalls einen Kaffee und will die Raststätte wieder verlassen. Im Rausgehen entdeckt der Mann eine Schatulle mit Schokolade. In die eine Hand nimmt er eine dunkle Schokolade mit Nüssen, in der anderen Hand hält er eine Vollmilchschokolade, auch mit Nüssen, und wägt ab, welche er kaufen soll. Seine Frau sagt im Vorbeigehen zu ihm: „Ich esse lieber Vollmilch, aber es ist mir egal." Darauf kauft der Mann die dunkle Schokolade mit Nüssen.

Was ist hier passiert? Da Kommunikation grundsätzlich mehrdeutig ist, kann man diesen Vorfall auf einer sachlichen Ebene und auf der Ebene der Beziehung betrachten. Würde man beispielsweise den Mann fragen, wie er die Situation interpretiert hat, so würde er vermutlich den

Modelle der Kommunikation | | | 45

Sachaspekt in den Vordergrund rücken, indem er antwortet: „Wenn sie sich nicht genau ausdrückt – sie kann doch eindeutig sagen, was sie wirklich will!" Die Frau hingegen würde wahrscheinlich die Situation unter dem Aspekt der Beziehung beleuchten und antworten: „Muss ich ihm denn immer alles ganz genau erklären, am besten mit dem Holzhammer, was ich will!" Ergebnis ist, beide sind mit der Situation nicht glücklich. Natürlich handelt es sich hier um ein Klischee, das jedoch verdeutlicht, dass jede Kommunikation mindestens aus einem Sach- oder Inhaltsaspekt und auch aus einem Beziehungsaspekt besteht.

Diesen Zusammenhang kann man durch das Bild eines Eisbergs erklären. Die sichtbare Ebene des Eisbergs bezeichnet man in der Kommunikation als die Sachebene. Das gefährliche bei einem Eisberg ist jedoch die nicht sichtbare Ebene. Man erkennt die Gefahren, die kurz unter der Wasseroberfläche lauern, nicht. In der Kommunikation ist

Die Beziehungsebene beeinflusst entscheidend den weiteren Gesprächsprozess und den Ausgang des Gesprächs.

dies die Beziehungsebene. Auf dieser Ebene befinden sich alle versteckten Motive, alle Empfindungen und Bedürfnisse, die sich hinter sachlichen Aussagen verstecken können.

Wenn Sie sich zwei Menschen als einen Eisberg vorstellen, wo treffen diese sich zuerst? Auf der Beziehungsebene, also auf der nicht rationalen, nicht vernunftmäßigen Ebene. Diese Erkenntnis ist nicht neu, wird jedoch in der Führung

Kommunikationsmanager

zuweilen unterschätzt. Was sagt der Mitarbeiter und was meint er wirklich damit?

Jede Kommunikation enthält somit eine Sachebene und eine Beziehungsebene. Die Sachebene beschreibt den offensichtlichen Inhalt der Kommunikation. Die Beziehungsebene meint alle Informationen, Gefühle, Werte und Motive, die unterschwellig zwischen den Interaktionspartnern ablaufen und ausgetauscht werden.

Effektive Gesprächsführung

Aus diesem Modell lässt sich ein wichtiger Satz für eine effektive Gesprächsführung ableiten: Seien Sie in der Sache klar und verbindlich, und signalisieren Sie auf der Beziehungsebene Wertschätzung. Es hat auf den Ausgang des Gesprächs keine positive Wirkung, wenn Sie z. B. Ihr Gegenüber von „oben herab" behandeln, nur um ihm zu signalisieren, dass Sie die mächtigere Position innehaben.

Vier-Kanal- oder Vier-Ohren-Modell

Bei dem folgenden Modell handelt es sich um einen Klassiker unter den Theorien zur Kommunikation. Dieses Modell wird auch als Vier-Ohren-Modell bezeichnet, da der Autor (Schulz von Thun) davon ausgeht, dass wir Menschen auf vier Arten eine Nachricht empfangen und interpretieren können.

Modelle der Kommunikation | 47

Bei den meisten Empfängern ist – unabhängig von den Situationsanforderungen – ein Empfangskanal oder „Ohr" besonders gut ausgebildet. Betrachten wir im Folgenden die einzelnen „Ohren" und welche Folgen diese einseitigen Empfangsgewohnheiten mit sich bringen können. Es lassen sich vier Empfangskanäle unterscheiden:

1. Empfangskanal – Sachinhalt

Viele Empfänger sind darauf geeicht, sich auf die Sachseite der Nachricht zu stürzen und das Heil in der Sachauseinandersetzung zu suchen. Dieses Phänomen kann man insbesondere bei Männern in technischen Berufen beobachten. Dieses Vorgehen erweist sich dann als verhängnisvoll, wenn das eigentliche Problem nicht so sehr in einer sachlichen Differenz besteht, sondern auf der zwischenmenschlichen Ebene (Beziehungs- und Prozessebene) zu suchen ist.

■ **Sachohr** Dieser Empfangskanal achtet bei einer Botschaft auf den Inhalt. „Worum geht es?" oder „Welche Informationen liegen genau vor?"

Ein Beispiel:

Frau: „Du, die Ampel da vorne ist grün."

Mann: „Danke, ich habe es auch gerade gesehen."

2. Empfangskanal – Selbstoffenbarungsinhalt

Dieser Kanal ist für eine Führungskraft ein wichtiges Ohr, denn es hört aus einer Botschaft verdeckte Informationen heraus. „Was will er mir damit sagen?" oder „Um was geht es meinem Mitarbeiter wirklich?"

■ **Selbstoffenbarungsohr** Wenn Sie auf diesem Ohr hören, versuchen Sie zu erfahren, was der Gesprächspartner von sich gibt und um was es eigentlich geht.

Verglichen mit dem überempfindlichen Beziehungsohr kann es sinnvoller sein, ein gutes Selbstoffenbarungsohr zu haben, welches die Nachricht unter dem Aspekt aufnimmt „Was sagt er/sie über sich aus?" Insbesondere in Berufen, die in irgendeiner Art und Weise mit Menschen arbeiten, wie zum Beispiel bei Führungskräften, Projektleitern oder Verkäufern, ist dieser Empfangskanal von äußerst großer Bedeutung.

Ein Beispiel:

Frau: „Du, die Ampel da vorne ist grün."

Mann: (in ruhigem Ton) „Hast Du es eilig?"

3. Empfangskanal – Beziehungsinhalt

Bei diesem Kanal handelt es sich um ein empfindliches Ohr. Dieser Empfangskanal hört Vorwürfe oder Beschuldigen aus einer Nachricht heraus; etwa in dem Sinn „Wie geht der mit mir um?" oder „Was der wohl von mir hält?" Bei manchen Empfängern ist das auf die Beziehungsseite gerichtete Ohr so groß und überempfindlich, dass diese Personen in vielen beziehungsneutralen Nachrichten und Handlungen eine Stellungnahme zu ihrer Person hinein

Modelle der Kommunikation | 49

interpretieren oder übergewichten. Sie beziehen vieles auf sich, nehmen es persönlich, fühlen sich leicht angegriffen und sind beleidigt. Wenn jemand wütend wird, fühlen diese Menschen sich beschuldigt, wenn jemand lacht, fühlen sie sich ausgelacht oder wenn jemand guckt, fühlen sie sich kritisch gemustert, wenn jemand wegguckt, fühlen sie sich gemieden und abgelehnt. Sie liegen ständig auf der „Beziehungslauer".

Ein Beispiel:

Frau: „Du, da vorne die Ampel zeigt grün."

Mann: „Fährst Du oder fahre ich!"

Der Mann entnimmt aus dieser Botschaft eine Kritik, auch wenn sie neutral und ohne verdeckte Botschaften formuliert wurde.

■ **Beziehungsohr** Was nützt es einer Führungskraft, wenn sie analysiert hat, dass ihr Gegenüber mit dem Beziehungsohr hört? Ziel der Gesprächsführung ist dann ein „Entschärfen" der Situation, denn der Gesprächspartner neigt dazu, eine Beschuldigung aus einer neutral formulierten Aussage herauszuhören. Eventuell geben Sie zu verstehen, dass Sie sich missverständlich ausgedrückt haben und wiederholen in ruhigem Ton Ihre Aussage oder Frage. Keinesfalls dürfen Sie zu verstehen geben, dass Ihr Gegenüber Sie falsch verstanden hat oder die Aussage zu persönlich nimmt. Durch Aussagen dieser Art verstärken Sie den Effekt des Beziehungsohrs.

4. Empfangskanal – Appellinhalt

Mitarbeiter, die Anerkennung suchen und sich immer von der besten Seite zeigen, neigen dazu, mit diesem „Ohr" eine Nachricht zu interpretieren. Sie hören aus einer neutral formulierten Aussage eine Aufforderung heraus, in dem Sinn von „Was soll ich tun?"; insbesondere dann, wenn Nachrichten oder Aussagen nicht vollständig und sorgfältig ausformuliert wurden.

Die Nachricht wird auf der Empfängerseite so interpretiert, dass bestimmte Dinge zu tun oder zu unterlassen, zu denken oder zu fühlen sind.

Auf das Beispiel übertragen, könnte das also bedeuten:

Frau: „Du, die Ampel da vorne ist grün."

Mann: Mann gibt Gas.

Auf den ersten Blick mag es günstig erscheinen, wenn Mitarbeiter von sich aus handeln. Dieses Ohr hat allerdings durchaus auch seine negativen Seiten, da dieser Mitarbeitertyp zum viel zitierten „vorauseilenden Gehorsam" neigt.

■ **Appellohr** Sollten Mitarbeiter dazu neigen, mit diesem Empfangskanal wahrzunehmen, so empfiehlt es sich, genau und präzise zu formulieren und das Gesprächsergebnis durch diesen Mitarbeiter zusammenfassen zu lassen. (vgl. Schulz von Thun, F. Miteinander Reden 1; Störungen und Klärungen.)

Sachohr	Beziehungsohr
„Um was geht es genau?"	„Wie geht der mit mir um?"
Selbstoffenbahrungsohr	**Appellohr**
„Was ist mit dem anderen los?" „Was will er mir damit sagen?" „Um was geht es wirklich?"	„Was soll ich tun?"

Transaktionsanalyse

Die Transaktionsanalyse ist ein klarer und praktischer Ansatz, um die Missverständnisse und Probleme in der Interaktion beschreiben und lösen zu können. Dieses Modell der zwischenmenschlichen Kommunikation ermöglicht es der Führungskraft, einen tieferen Zugang zu den verdeckten Ebenen in der Kommunikation zu finden. Sie befasst sich mit Kommunikationsketten, die zwischen Menschen in bestimmten Versionen immer wieder ablaufen. Alles Denken, Fühlen und Handeln lässt sich nach dieser Theorie verschiedenen Persönlichkeitsbereichen zuordnen.

Wann immer verschiedene Menschen zusammenkommen, können wir beobachten, dass sie sich unterschiedlich verhalten, wobei sogar ein und derselbe Mensch während einer Besprechung oder Unterhaltung seinen Verhaltensstil verändern kann: Einmal gibt er sich wie ein Kind, befangen und unsicher oder unbefangen und frei, ein anderes Mal wie ein Vater oder eine Mutter kritisierend, herablassend, jovial oder wohlwollend, unterstützend und lobend.

Dann gibt es Situationen, in denen er sich um Sachlichkeit und Rationalität bemüht. Die Transaktionsanalyse bezeichnet diese unterschiedlichen Verhaltensweisen mit dem Begriff „Ich-Zustand". Mit diesen „Ich-Zuständen" sind bestimmte Verhaltensmuster gemeint, in die wir auf Grund unseres Erlebens von bestimmten Situationen schlüpfen. Diese Muster sind beeinflusst von unserem Denken, Fühlen und Verhalten. Der Begriff „Ich-Zustand" soll den Zustand des Bewusstseins und die darauf bezogenen Verhaltensmuster beschreiben.

Das Persönlichkeitsmodell der Transaktionsanalyse ist einfach und verständlich, sodass auch nicht psychologisch Geschulte damit umgehen können.

Eric Berne stellte fest, dass Menschen sich ganz von ihrem Kontext abhängig verhalten und innerhalb kürzester Zeit ihre Rollen verändern können. Eine Frau, die tagsüber ein Team führt und dabei sehr strukturiert und zielorientiert arbeitet, kann zu einem anderen Zeitpunkt des Tages, zum Beispiel am Telefon mit einem Freund oder einer Freundin, ziellos nach der Lösung eines Problems suchen, und zum Beispiel am Abend bei ihrem Kind eine komplett andere Rolle, die der fürsorglichen und kindlich liebevollen Mutter, einnehmen.

Diese Rollen äußern sich im Verhalten, in der Sprache, und der Gesprächsführung einer Person. So ändern wir Satzbau und Vokabular, wenn wir uns in bestimmten Ich-Zuständen befinden. Außerdem drückt sich der Ich-Zustand im

Modelle der Kommunikation | 53

körperlichen Auftreten, in Mimik, Gestik und Stimmmelodie einer Person aus.

Ich-Zustand

Der Ich-Zustand, den wir in einer bestimmten Situation wählen, entsteht durch ein komplexes Wechselspiel zwischen eingeprägten und erinnerten Informationen, gelernten Verhaltensweisen und Reaktionsmustern und Ereignissen und Eindrücken aus der realen Welt.

Die Transaktionsanalyse geht davon aus, dass sich der Mensch in einem bestimmten Augenblick entweder in einem „Kindheits-Ich"-Zustand, einem „Eltern-Ich"-Zustand oder einem „Erwachsenen-und-Computer-Ich"-Zustand befindet. Verhaltensweisen aus diesem Ich-Zustand können verbal oder nichtverbal sein. Sie können der Situation angemessen oder nicht angemessen sein. Es gibt weder „gute" noch „schlechte" Ich-Zustände, sondern nur solche, die in bestimmten Situationen günstig oder weniger günstig sind. Alle drei Ich-Bereiche repräsentieren unsere Persönlichkeit.

Ich-Zustände korrelieren mit bestimmten Verhaltensmustern.

1. Eltern-Ich

Im Persönlichkeitsmodell der Transaktionsanalyse verkörpert das „Eltern-Ich" das gelernte Lebenskonzept. Es beinhaltet Wert- und Moralvorstellungen, Normen, Regeln, Ge-

und Verbote, Prinzipien, Urteile, Vorurteile sowie alle Umwelteinflüsse, die wir im Laufe unserer Entwicklung gelernt und übernommen haben. Diese Prozesse sind uns meist nicht mehr bewusst. Diese in unserer Entwicklung gelernten Inhalte bestimmen unser Verhalten in der Gegenwart automatisch, insbesondere in Stresssituationen.

Da diese Einflüsse beim Kind erstmalig durch die Eltern vertreten werden, wurde dieser Ich-Zustand von Eric Berne „Eltern-Ich" genannt. Im Eltern-Ich werden sämtliche Aussagen und Aktionen, die ein Kind seine Eltern tun sah oder sagen hörte, aufgenommen und aufbewahrt, und zwar vorerst ohne Abwandlung oder Korrektur. Alle Regeln, die die Eltern dem Kind in Form von Lebensweisheiten oder Verhaltensrichtlinien mitgeben, werden vom Kind als Wahrheit aufgezeichnet, ungeachtet des ethischen Werts der Inhalte. Diese elterlichen Ge- und Verbote sind in vielerlei Hinsicht auch notwendig, da das Kind gar nicht alle notwendigen Informationen zur Verfügung hat, um Situationen, in denen es sich befindet oder in die es sich bringen könnte, erfolgreich einschätzen zu können. Das physische und soziale Überleben hängt somit von der Befolgung dieser elterlichen Richtlinien ab. Das „Eltern-Ich" setzt sich aus einer kritisch wertenden und einer stützend-fürsorglichen Komponente zusammen.

Das „kritische Eltern-Ich" wertet, moralisiert, weist zurecht, kritisiert, befiehlt, beherrscht, tyrannisiert, bestraft, kontrolliert, sorgt für Ordnung. Charakteristisch sind der erhobene Zeigefinger, zusammengezogene Augenbrauen, strenger, Furcht erregender Blick, Kopfschütteln, Naserümpfen usw. Beim Sprechen aus dem „kritischen Eltern-Ich" fallen Worte wie müssen, sollen, immer, nie, und alle Formen der Bewertungen.

Das „stützende und fürsorgliche Eltern-Ich" hört zu, hat Verständnis, lobt, tröstet, pflegt, unterstützt, hilft und umsorgt. Man erkennt diesen Zustand an der freundlichen, beruhigenden Stimme, an anerkennenden Gebärden wie Schulterklopfen, sowie an Formulierungen wie „Kopf hoch", „wird schon werden", „weiter so".

2. Erwachsenen- und Computer-Ich

Das „Erwachsenen-" und „Computer-Ich" ist das vernunftorientierte Lebenskonzept. Es entwickelt sich beim Heranwachsen durch die Auseinandersetzung mit der Wirklichkeit. Aus diesem Ich-Zustand heraus handeln wir, wenn wir Erfahrungen vorurteilsfrei verarbeiten und Informationen objektiv bewerten, um Entscheidungen nach Zahlen, Daten und Fakten herbeizuführen. Im „Computer-Ich" überlegen wir auch, wie wir vorgehen, um zu Erkenntnissen zu gelangen, und welche Kriterien wir zur Entscheidungsfindung heranziehen. Es wird geprüft, ob die Inhalte und Daten im „Eltern-Ich" und im „Kindheits-Ich" in der Gegenwart noch zutreffen und noch günstig zur Entscheidungsfindung sind.

Die wichtigsten Wesenselemente des Erwachsenen-Ich setzen sich wie folgt zusammen: Analyse, Denken und Gebrauch der Ratio; Hypothesen bilden; Schlussfolgerungen aus Fakten ableiten; Entscheidungen treffen.

Eine der Aufgaben dieses Ich-Zustands besteht darin, die Angaben, die vom Eltern-Ich kommen, in der Gegenwart auf ihren Bestand und ihre Gültigkeit hin zu überprüfen. Anschließend übernimmt sie diese oder verwirft sie. Je reifer das Erwachsenen-Ich wird, desto sorgfältiger wird es im Umgang mit den Angeboten des Eltern- und Kindheits-Ich und weist den Erinnerungen ihren an die Gegenwart angepassten Stellenwert zu.

Eine weitere Funktion des Erwachsenen- und Computer-Ichs im Umgang mit dem Kindheits-Ich setzt sich aus der Auswahl der Darstellung angemessener Gefühle zusammen. Das Erwachsenen-Ich entscheidet, welche Gefühle das Kindheits-Ich in welchen Situationen zeigen darf bzw. soll.

3. Kindheits-Ich

Das „Kindheits-Ich" ist das gefühlte Lebenskonzept. In diesem Ich-Zustand sind die Gefühle gespeichert, die wir als Kind hatten. Wenn wir uns in diesem Ich-Zustand befinden, treffen wir auf Grund von Gefühlen Schlussfolgerungen über uns selbst. Das „Kindheits-Ich" setzt sich aus einer natürlich-spontanen und einer angepasst unterwürfigen und teilweise auch trotzigen Komponente zusammen.

Modelle der Kommunikation 57

Das „natürliche Kindheits-Ich" spielt, faulenzt, freut und ärgert sich, erfindet, weint, lacht. Es kümmert sich nicht um die anderen, verhält sich spontan, ist egoistisch, hemmungslos und kreativ. Im „natürlichen Kindheits-Ich" finden sich auch die Gefühle wie Freude, Spaß, Liebe und Zuneigung.

Das „Angepasste Kindheits-Ich" gehorcht, zieht sich zurück, fühlt sich schuldig, zögert, fürchtet sich, ist unsicher, höflich, ohne eigene Meinung und Initiative, richtet sich nach anderen. Typisch für Menschen, die in diesem Ich-Zustand sind, ist das Jammern. Man beschwert sich über die Dinge, die in einem Unternehmen nicht laufen. Typische Denkmuster und Äußerungen aus dem angepassten Kind-Ich sind: „Immer ich"; „Was soll ich sonst noch alles machen"; „Ich kann doch eh nichts verändern"; „Das bringt doch nichts".

Entscheidet man sich in diesem Ich-Zustand bewusst für Anpassung, so ist man team- und anpassungsfähig. Diese grundlegende Fähigkeit hilft uns miteinander zu kooperieren. Dies ist die positive Seite des angepassten Ich-Zustandes. Eine weitere Variation des angepassten Kind-Ichs ist das „trotzige Kind-Ich". Sind Mitarbeiter in diesem Ich-Zustand, so reagieren diese im ersten Schritt trotzig und beschweren sich zum Beispiel über die Ungerechtigkeit, die ihnen widerfährt.

Im Folgenden werden die positiven und die negativen Ausprägungen der einzelnen Ich-Zustände gegenübergestellt:

Fürsorgliches und stützendes Eltern-Ich

Positive Ausprägung: beschützt und schafft Geborgenheit; hilft und unterstützt; hört geduldig zu; zeigt Verständnis; übernimmt auch Führung in schwierigen Situationen; lobt, tröstet, pflegt und umsorgt

Negative Ausprägung: schafft Abhängigkeiten und unterdrückt mit Höflichkeit; traut anderen wenig zu; nimmt sich „Problemen" eher selbst an; „meint es gut" mit anderen und fördert dadurch keine Selbstständigkeit; lässt keine Konflikte zu und sucht Harmonie

Kritisches Eltern-Ich

Positive Ausprägung: entscheidet rasch; legt hohe (Wert-) Maßstäbe an; übernimmt Verantwortung; Normen und Traditionen geben Sicherheit; übernimmt Führung; hat klare Ziele; gibt die Richtung vor; ist konsequent und berechenbar

Negative Ausprägung: autoritär, weist zurecht, kritisiert, befiehlt, beherrscht, bestraft, sorgt für Ordnung, kontrolliert, intolerant und unterdrückend; sucht Fehler bei anderen; denkt in Schuldzuweisungen; reagiert mit Ärger und Wut; lehnt Neues eher ab; pflegt Vorurteile; fördert keine Selbstständigkeit

Erwachsenen- und Computer-Ich

Positive Ausprägung: sammelt Informationen; vergleicht Zahlen, Daten, Fakten; geht Ursachen gezielt und nach Logik auf den Grund; zeigt Problem lösendes Verhalten;

steuert und lenkt Prozesse; gibt Feedback und löst Konflikte durch Konfrontation; ist entscheidungsfreudig, aktiv, offen und selbstständig

Negative Ausprägung: zeigt wenig Emotionen; langweilig und fade; roboterhaft; wenig kommunikativ und beziehungsfähig

Angepasstes Kindheits-Ich

Positive Ausprägung: geht auf Kompromisse ein; nimmt Rücksicht auf andere; ist teamfähig; ist bescheiden; ist kooperativ; ist frustrationstolerant und stellt situativ individuelle Bedürfnisse zurück

Negative Ausprägung: überangepasst, unterdrückt dauerhaft seine eigenen Bedürfnisse und Gefühle; zieht sich schnell zurück; hat Angst, etwas falsch zu machen; gehorcht; rechtfertigt „Fehler" und übernimmt keine Verantwortung; resigniert schnell; ist unsicher; hat keine eigene Meinung und zeigt wenig Initiative

Freies, natürliches Kindheits-Ich

Positive Ausprägung: spontan, kreativ, fantasievoll, innovativ, begeistert, charmant, witzig, kann genießen; zeigt Gefühle, freut sich, kann auch traurig sein, ärgert sich

Negative Ausprägung: ungestüm und unkontrolliert; leichtsinnig; rücksichtslos; übernimmt keine Verantwortung; impulsiv, flippt aus; faulenzt; egoistisch und hemmungslos

Jeder der beschriebenen Ich-Zustände ist weder gut noch schlecht, sondern es kommt auf den Grad der Ausprägung in bestimmten Situationen an. Ein bewusstes „Sich anpassen", dort wo notwendig, führt zu Teamfähigkeit, während ein dauerhaftes „Sich anpassen" dazu führt, dass man seine eigenen Bedürfnisse unterdrückt. Dies wiederum mündet in einer allgemeinen Unzufriedenheit. Erkennbar ist dieser Ich-Zustand dann darin, dass Mitarbeiter oft jammern, sich gerne rechtfertigen und demotiviert sind.

Ein stark ausgeprägtes kritisches Eltern-Ich führt zu einem sehr autoritären Verhalten. Sollte eine Führungskraft dazu neigen, so entsteht im direkten Umfeld eine Angstkultur und die Mitarbeiter handeln nicht selbstständig. Erkennbar wird dies für Außenstehende daran, dass in solchen Teams eine starke Tendenz zur Absicherung besteht und an einer Schuldzuweisungs- und Rechtfertigungskultur, da der einzelne die Verantwortung auf andere abschiebt.

Analyse von Transaktionen

Im Sinne der Transaktionsanalyse wird eine Mitteilung von einem Menschen zu einem anderen aus einem bestimmten Ich-Zustand gesandt und im anderen an einen bestimmten Ich-Zustand gerichtet. Es gibt somit Mitteilungen, die vom Eltern-Ich eines Senders sich an das Kindheits-Ich eines Empfängers richten oder die sich vom Erwachsenen- und Computer-Ich an das Erwachsenen- und Computer-Ich des Empfängers wenden.

Modelle der Kommunikation

Zu Konflikten kommt es immer dann, wenn beide Gesprächspartner aus dem kritischen Eltern-Ich agieren und das angepasste Kindheits-Ich des Gegenübers ansprechen.

Praktischer Nutzen der Transaktionsanalyse im Führungsalltag

Wenn Sie in Ihrer Rolle als Führungskraft einordnen können, aus welchem Ich-Zustand der Mitarbeiter handelt, so können Sie Ihre weitere Strategie in Ihrer Gesprächsführung entsprechend aufbauen. Neigt der Mitarbeiter sehr dazu, in die Position des angepassten Kind-Ichs zu gehen, indem er bei einem Problem sofort zu Ihnen kommt und Sie fragt „Wie soll ich dies denn machen?", so wäre es unklug ihm aus dem Eltern-Ich zu antworten und eine Lösung anzubieten. Günstiger wäre aus dem Erwachsenen-Ich zu handeln und durch Fragestellungen gemeinsam mit dem Mitarbeiter eine Lösung für das Problem zu finden. Durch dieses Vorgehen wird der Mitarbeiter darin unterstützt, selbstständig eine Lösung zu finden, denn Führen bedeutet, Menschen zu bewegen. Handelt die Führungskraft allerdings aus dem Eltern-Ich und präsentiert dem Mitarbeiter eine Lösung für das Problem, so entsteht eine parallele Transaktion zwischen Eltern-Ich und Kindheits-Ich, die der Selbstständigkeit des Mitarbeiters nicht förderlich ist. Der Mitarbeiter verharrt im angepassten Kind-Ich und entwickelt keine Problemlösungskompetenz.

Neigt Ihr Gesprächspartner in seiner Gesprächsführung sehr zum kritischen Eltern-Ich oder auch zum fürsorglichen Eltern-Ich, so ist die erste Wahl die Anwendung der Ich-Botschaften.

Zwei „Königswege" in der Gesprächsführung

Es gibt zwei wesentliche Wege, um die Gesprächsführung mit Mitarbeitern wirkungsvoll zu gestalten. Bei der einen Strategie und Technik handelt es sich um die Ich-Botschaften, bei der anderen um die non-direktive (motivierende) Gesprächsführung. Beide Techniken können wechselseitig in einem Gespräch angewandt werden. Um zu erkennen, welche Technik die nützlichste ist, stellen Sie sich die Fragen: Wer hat das „Problem"? Wer hat ein Anliegen?

Haben Sie ein „Problem" mit dem Verhalten Ihres Mitarbeiters, so kommunizieren Sie überwiegend in Ich-Botschaften und stellen Ihre Perspektive wie Sichtweise durch eine Selbstoffenbarung dar. Liegt hingegen das „Problem" auf Seiten des Mitarbeiters, so benützen Sie überwiegend die Elemente der non-direktiven Gesprächsführung, um gemeinsam mit Ihrem Mitarbeiter Lösungen für sein „Problem" zu finden.

Ich-Botschaft

Ihr Kollege trifft gelegentlich einseitige Entscheidungen in Fragen, die auch Sie betreffen. Ihr Freund hat sich Geld

Zwei „Königswege" in der Gesprächsführung 63

geliehen und versprochen, es zurückzuzahlen, hat sein Versprechen jedoch nicht gehalten. Ihr Mitarbeiter kommt häufig zu spät zur Arbeit. Ihr Vorgesetzter setzt Sie nicht davon in Kenntnis, wenn er für längere Zeit eine Dienstreise durchführt. In all diesen Situationen hat Ihr Mitarbeiter, Ihr Vorgesetzter oder Ihr Kollege ein Verhalten an den Tag gelegt, dass Sie stört und in irgendeiner Weise beeinträchtigt. Sie haben in diesen Situationen ein Problem mit dem Verhalten des Gegenübers.

Als Mittel der Selbstdarstellung können Sie jetzt eine Ich-Botschaft formulieren. Die Ich-Botschaft verfolgt das Ziel, negative Ereignisse konstruktiv zu formulieren, d. h. den Anderen nicht persönlich abzuwerten. Die Ich-Botschaft wird aus dem Erwachsenen-und-Computer-Ich formuliert und besteht aus mehreren Bestandteilen, die variiert werden können.

1. Bestandteil – Situation: Die Beschreibung der Situation ist ein zentraler Bestandteil einer Ich-Botschaft. Hier wird meinem Gegenüber erklärt, was konkret passiert und vorgefallen ist und um was es geht. Ziel ist dabei, beschreibend mitzuteilen, was vorgefallen ist, wie eine Situation erlebt wurde. Dabei zu beachten ist, dass die Situation präzise und genau beschrieben wird, damit beim Gegenüber ein konkretes Bild vor seinem „inneren Auge" entstehen kann.

In diesem Teil einer Ich-Botschaft wird zum Beispiel das Verhalten des anderen beschrieben. Die Beschreibung enthält kein Etikett und wird mit keinem Urteil belegt.

2. Bestandteil – Gefühle: Mit diesem Element einer Ich-Botschaft tun sich insbesondere jüngere männliche Führungskräfte schwer, da diese von der Annahme ausgehen, Gefühle haben im Wirtschaftsleben nichts verloren. Doch viele Kaufentscheidungen werden durch Gefühle beeinflusst.

An dieser Stelle ist zu unterscheiden zwischen positiven und negativen Gefühlen. Angenommen eine Führungskraft sagt zu einem Mitarbeiter: „Wie Sie das Projekt abgewickelt haben, hat mich sehr gefreut …" Dieses positive Gefühl der Freude, das hier zum Ausdruck gebracht wird, verstärkt zukünftig das Verhalten des Mitarbeiters. Diese Äußerung wird den Mitarbeiter motivieren und er hat gelernt, immer wenn dieses Verhalten gezeigt wird, wird es positiv gelobt. Eine „Du- oder Sie-Botschaft" würde lauten: „Sie sind ein guter Projektmanager." Auch diese Äußerung wird dem Mitarbeiter sicherlich gefallen und ihn motivieren. Allerdings nicht in der spezifischen Art und Weise, wie man es mit einer Ich-Botschaft erreichen kann, da diese sich auf ein konkretes Verhalten bezieht.

Man kann auch negative Gefühle, wie z. B. „Ärger" benennen. Dadurch weiß ein Mitarbeiter, welches Verhalten zur Reaktion „Ärgern" führt. Liegt dem Mitarbeiter etwas an der Zusammenarbeit, wird er mit großer Wahrscheinlichkeit dieses Verhalten korrigieren. Zu beachten ist allerdings, dass die Äußerung nicht aus dem kritischen Eltern-Ich formuliert wird.

Zwei „Königswege" in der Gesprächsführung | | | 65

Beim Äußern von negativen Gefühlen bleibt die Relation zwischen Verhalten des Mitarbeiters und der geäußerten Gefühle bewahrt. Wenn z. B. ein Mitarbeiter zu einer Besprechung sehr wenige Minuten zu spät kommt, so kann es ihn irritieren, wenn in einer Ich-Botschaft von „sehr großem Ärger" gesprochen wird.

Ihr Mitarbeiter wird sein Verhalten eher verändern, wenn er weiß, welche Gefühle es in Ihnen auslöst. Es wird Ihnen nicht leicht fallen, Ihre negativen Gefühle in Ich-Botschaften zu offenbaren, da das Äußern von diesen Gefühlen verpönt ist.

In dem Maße, wie wir lernen, unsere Gefühle (Ärger, Unsicherheit, Freude, Enttäuschung usw.) auf angemessene Weise und frei von Vorwürfen auszudrücken, desto stärker ist das Gegenüber bereit, auf Sie einzugehen und gemeinsam nach Lösungen zu suchen.

Ärger

Gewiss fällt es in einer Arbeitsbeziehung schwer, Ärger auszudrücken, da man das Gegenüber nicht verletzen möchte. Vermutlich ist es für keinen der Beteiligten erfreulich. Doch ist es weit effektiver für die weitere Zusammenarbeit, in angemessener Weise seinen Ärger zu formulieren, als nichts zu tun.

Natürlich ist Ärger nicht das einzige Gefühl, das bei Menschen ausgelöst wird, wenn das Verhalten eines anderen ein Problem bedeutet. Wenn unsere Bedürfnisse zu kurz kommen oder bedroht werden, kann das die vielfältigsten Gefühle in uns wachrufen: Furcht, Trauer, Sorge, Enttäuschung, Bedauern, Kränkung, Ablehnung, Verwirrung, Eifersucht, Verdruss, Entrüstung und viele andere mehr. Der Schlüssel zur eindeutigen Mitteilung solcher Gefühle ist unsere Fähigkeit, unsere eigenen Regungen zu erkennen und diese im Rahmen einer Ich-Botschaft auszudrücken.

3. Bestandteil – Auswirkung: Im dritten Teil einer effektiven Ich-Botschaft wird beschrieben, welche Konsequenzen, Folgen und Auswirkungen das Verhalten des Mitarbeiters verursacht hat. Hierbei kann es sich um positive als auch um negative Auswirkungen handeln. Durch das Verhalten eines Mitarbeiters kann ein Nutzen oder ein Schaden entstanden sein. Wichtig ist dabei, dass man aus der Art der Formulierung klar und deutlich erkennen kann, welche Wirkung durch das Verhalten erzielt wurde. Die Auswirkung wird beschrieben: Es können zum Beispiel Konsequenzen entstanden sein, die Zeit, Energie oder Geld kosten. Eine Auswirkung könnte beispielsweise sein, dass zusätzliche Arbeiten zu leisten oder dass Nacharbeiten zu erledigen sind. Auch könnte eine Auswirkung sein, dass Sie länger zu arbeiten haben oder andere Unbequemlichkeiten entstanden sind.

Zwei „Königswege" in der Gesprächsführung | | | 67

Es handelt sich dabei um greifbare, konkrete Konsequenzen, Folgen und Auswirkungen, die andere leicht verstehen können. Der Adressat wird sein Verhalten eher verändern, wenn er erfährt, welche Folgen und Wirkungen sein Verhalten verursacht haben. Deshalb ist es besonders wichtig, die greifbaren Auswirkungen zu nennen.

4. Bestandteil – Bedürfnisse: Hilfreich in einer Ich-Botschaft kann das Formulieren eigener Bedürfnisse, Werte und Anliegen sein. Unsere Werte und Bedürfnisse beeinflussen unsere Gefühle und damit auch unser Verhalten. Die Ursachen für ausgelöste Gefühle liegen in einem Menschen selbst. Diese Annahme ist ein entscheidender Schlüssel für den erfolgreichen Umgang mit Konflikten, denn dies bedeutet, dass jeder Mensch für seine Gefühle selbst verantwortlich ist.

Oft sind unsere Bedürfnisse uns nicht bewusst. Hierunter fallen auch die verdeckten Motive, die uns zum Handeln motivieren. Neben dem Einkommen, welches wir durch unsere Arbeit erzielen können, ist für uns Menschen u. a. das Bedürfnis nach Anerkennung von zentraler Bedeutung. Je deutlicher Sie sich Ihrer Bedürfnisse bewusst sind und sich in einer problematischen Situation darüber klar werden, dass Ihre unangenehmen Gefühle mit Ihren eigenen Bedürfnissen zusammenhängen, desto einfacher ist es für Ihr Gegenüber, einfühlsam und authentisch auf Sie einzugehen.

5. Bestandteil – Wunsch und Bitte: Dieses Element einer Ich-Botschaft drückt aus, welches Verhalten man vom

Gegenüber wünscht. Da dies in Form eines Wunsches oder einer Bitte ausgedrückt wird, hat der andere die Freiheit zu entscheiden, ob er dem nachkommen möchte. Diese Freiheit führt in der Praxis dazu, dass sich der Adressat der Bitte und des Wunsches meist nicht verschließt, wenn ihm etwas an einer kooperativen Arbeitsbeziehung liegt.

Der Wunsch muss natürlich auch von dem Adressaten erfüllbar sein.

Beispiel für eine vollständige Ich-Botschaft

Zentrales Element der Ich-Botschaft ist die Situationsbeschreibung. Alle anderen Elemente können Sie miteinander kombinieren, was die Aussagekraft der Ich-Botschaft beeinflusst.

Situation: Um was geht es konkret? Was ist geschehen?

„Wir hatten vereinbart, dass Dein Mitarbeiter Franz im Projekt für vier Wochen zu 100 Prozent mitarbeitet und komplett mit diesem Projekt ausgelastet ist. Diese Vereinbarung wurde jetzt von Dir nicht eingehalten, da Du mir den Mitarbeiter einfach abgezogen hast."

Gefühl: Wie es mir damit geht:

„Darüber bin ich verwundert und auch verärgert …"

Auswirkung: Welche Auswirkungen hat diese Situation?

Auswirkung und Folgen für mich „… weil ich jetzt mit dem Kunden sprechen muss, um diesem mitzuteilen, dass es eine Terminverzögerung gibt, dies ist mir äußerst peinlich und unangenehm und es kostet mich einen Mehraufwand von einem Manntag …"

Auswirkungen auf Dritte „… zusätzlich entstehen unserer Firma dadurch Kosten von geschätzten 2 000,00 € …"

Bedürfnis: Welches Bedürfnis habe ich?

„Mir ist es sehr wichtig, dass getroffene Vereinbarungen eingehalten werden, da ich Verlässlichkeit und Berechenbarkeit brauche …"

Wunsch und Bitte: Was ich mir von Dir wünsche:

„Deshalb wünsche ich mir für die Zukunft, dass Du mich nicht vor vollendete Tatsachen stellst und ich dann nur noch reagieren kann, sondern mit mir im Vorfeld Lösungen suchst, sollte sich die Kapazitätsplanung bei Dir verändern."

Non-direktive Gesprächsführung

In der modernen Führungslehre wird die Bedeutung der emotionalen Intelligenz betont. Hier kann sich ein Blick in die moderne Neurowissenschaft lohnen, denn dadurch können wir verstehen, wie emotionale Intelligenz entsteht. So ist bekannt, dass bestimmte

> Die Gehirnzellen spiegeln die Handlung des Gegenübers.

Nervenzellen im Gehirn dann aktiv sind, wenn ein Mensch eine bestimmte Handlung vollführt, z. B. eine Gabel zum Mund führt. Wird diese Handlung durch eine andere Person beobachtet, so sind beim Beobachter in diesem Moment dieselben Neuronen aktiv. Diese Neuronen bezeichnet man als Spiegelneuronen. Obwohl eine bestimmte Handlung durch einen anderen Menschen ausgeführt wird, aktiviert die Beobachtung dieser Handlung dieselben Zellen beim Betrachter wie beim Handelnden.

Verkürzt heißt dies, die Spiegelneuronen verhelfen uns zur sozialen Kompetenz, da wir Empfindungen beim anderen Menschen nachempfinden können. Dies funktioniert desto besser, je aktiver eine Führungskraft ihr Umfeld wahrnimmt.

Ist ein Mensch jedoch mehr mit seinem Innenleben beschäftigt, so erhält er weniger Informationen von der Außenwelt. Grundlage für eine hohe emotionale Intelligenz ist also, seine Außenwahrnehmung zu schulen.

Die folgenden Techniken der non-direktiven Gesprächsführung helfen einer Führungskraft, ihre emotionale Intelligenz und die Kommunikation entscheidend zu verbessern. Außerdem helfen diese Techniken, den Gesprächsverlauf in einer indirekten Art und Weise zu lenken und gezielt zu steuern.

Sinngemäßes Wiederholen

Ein wichtiges Vorgehen, um zu verstehen, was der Gesprächspartner gemeint hat, ist das „aktive Zuhören" oder „aktive Verstehen". Bei dieser Form der Gesprächsführung liefert der Empfänger dem Sender den aktiven Beweis dafür, dass er die empfangene Botschaft nicht nur akustisch aufgenommen, sondern auch wirklich verstanden hat. Dies geschieht durch

1. Wörtliches Wiederholen des Gehörten: Wörtlich wiedergegeben, eventuell verkürzt, was mein Gesprächspartner gesagt hat. Dieses Vorgehen eignet sich bei kurzen Äußerungen des Gegenübers. Vorteil dieser Technik ist, dass das Gegenüber motiviert wird, seine Gedanken weiter zu entwickeln.

2. Sinngemäßes Wiederholen des sachlichen Inhaltes: Im Gegensatz zum wörtlichen Wiederholen wird bei dieser Technik der Sinn des Geäußerten wiedergeben. Diese Technik nennt man auch Paraphrasieren oder Spiegeln. Mit eigenen Worten wird das Gehörte umschrieben. Der Empfänger gibt in eigenen Worten wieder, was er glaubt, was der Gesprächspartner gemeint haben könnte.

Da es wie bereits gezeigt im Austausch von Informationen zu Verzerrungen kommt, ist diese Technik dann sinnvoll, wenn es darum geht, den Verzerrungswinkel in der Kommunikation möglichst flach zu halten. Auf diesem Hintergrund erkennt man den Wert dieser Technik. Sie stellt sicher, ob wirklich verstanden wurde, was der Gesprächspartner meinte.

> **Umschreibendes Zuhören**
> Durch das sinngemäße Wiederholen wird das Gespräch
> aktiv gefördert. Durch diese umschreibende Reflexion
> gibt man zu verstehen, dass man nicht nur zuhört, son-
> dern auch das Wesentliche der Aussage zu verstehen
> versucht.

Mit diesem umschreibenden Wiederholen kann auch wiedergegeben werden, was man glaubt, zwischen den Zeilen
verstanden zu haben. Dies geschieht in direkter und höf-
licher Form, oder bei komplexen und mehrdeutigen Themen vorsichtig in umschreibender Art und Weise.

Wer intelligent fragt, der führt

Mit den Fragetechniken lassen sich zwei Ziele verfolgen:
Erstens helfen Fragen zu präzisieren, zu konkretisieren und
zu differenzieren und zweitens kann man über einen
logischen und geschickten Aufbau der einzelnen Fragen
einen Gesprächsprozess steuern und lenken.
Wer häufig mit Führungskräften zu tun hat, ist immer
wieder erstaunt, wie wenig Gebrauch sie von Fragetechniken machen und wie oberflächlich diese eingesetzt werden. Stattdessen wird viel Energie darauf verwandt, in
einem Monolog vermeintlich rhetorisch geschickt zu argumentieren in der Annahme, dadurch den Mitarbeiter schon

noch überzeugen zu können. Durch dieses Vorgehen fühlen sich die Mitarbeiter jedoch nicht in den Prozess eingebunden und reagieren offen oder was noch viel gravierender ist, verdeckt mit Widerstand.

Weshalb Fragetechniken wenig zum Einsatz kommen, hat vermutlich damit zu tun, dass zu wenig Wissen darüber besteht, was man mit Fragen alles machen kann und welche Vorteile daraus entstehen können.

Beim präzisen Nachfragen beziehen Sie sich ausschließlich auf das, was der andere bereits mitgeteilt hat, was Ihnen aber im Moment Schwierigkeiten im Verständnis bereitet oder was für Sie noch zu unkonkret ist.

Trichtermodell – vom Allgemeinen zum Speziellen

Der Prozess der Fragestellungen orientiert sich an dem Trichtermodell, d.h., Sie kommen vom Allgemeinen zum Speziellen. Man beginnt mit einer äußerst breit angelegten Frage, wie z.B. „Was alles wird in Ihrem Haus produziert?" Dann setzen Sie nach mit einer etwas engeren Frage, wie „Welche Herstellungsverfahren verwenden Sie bei Produkt x?"

Die folgenden Fragen werden immer konkreter: „Auf welche Weise verbinden Sie dort die Bleche", „Welche Erfahrungen haben Sie damit gemacht?" oder „Bis wann konkret können Sie das bearbeitet haben?"

Das Trichtermodell zeigt auf, wie Sie mit dem Aufbau Ihrer Fragen den Mitarbeiter von allgemeinen und unspezifischen Ideen zu konkreten Ergebnissen führen.

Fokussieren und Konkretisieren durch Fragen

Um nicht als Reaktion auf eine Frage die Antwort zu erhalten „Ich habe Ihre Frage nicht verstanden!" können Sie Ihren Gesprächspartner auf Fragen vorbereiten und fokussieren, indem Sie den Bezug zu der Frage herstellen: „In unserer letzten Besprechung erwähnten Sie … An was konkret haben Sie dabei gedacht?"

Das Fragewort steht am Anfang der Frage, um dem Gesprächspartner deutlich anzuzeigen, dass jetzt eine Frage kommt. Durch dieses Vorgehen wecken Sie die Aufmerksamkeit des Mitarbeiters, denn Ihre Frage zeigt ihm, dass Sie sich auf ihn konzentrieren.

Es ist zu beobachten, dass man zu häufig davon ausgeht, das Gegenüber schon verstanden zu haben – haben wir dies wirklich, oder glauben wir es nur?

Jede Aussage liegt mehr oder weniger weit von der Realität entfernt und ist u. a. beeinflusst durch

- individuelle Sichtweise,
- Informationsdefizite,
- Vorurteile,
- lückenhaften Wortschatz,
- Erinnerungsvermögen.

Hinterfragen

Fokussieren und Konkretisieren bedeutet, genau zu hinterfragen, was der Mitarbeiter mit seiner Aussage meint, was er darunter versteht. Die Fragewörter „wie", „was", „wo", „wann" und „wer" erlauben, sich ganz spezifisch auf die Ideen, Anliegen und Äußerungen des Mitarbeiters zu konzentrieren.

Frage mit eingebauter Skala

Diese Fragetechnik eignet sich besonders dann, wenn es darum geht, eine erste Stellungnahme zu erfahren. Man konstruiert in seiner Frage eine Skala und fragt den Mitarbeiter nach seiner Bewertung auf dieser Skala. „Wie erleben Sie die interne Kundenorientierung unserer Abteilung auf einer Skala von 1 bis 10 im Moment. 10 Punkte bedeutet, unsere Kundenorientierung ist optimal und nicht zu verbessern, 1 Punkt meint genau das Gegenteil. Wie würden Sie unsere interne Kundenorientierung jetzt einschätzen?"

Durch diese Technik erhalten Sie eine differenzierte Bewertung. Im nächsten Schritt ist es wichtig, diese Bewertung zu würdigen. Bewertet Ihr Mitarbeiter die interne Kundenorientierung zum Beispiel mit 7 Punkten,

Diese Fragetechnik eignet sich auch für das jährliche Mitarbeitergespräch zur Bewertung von Leistung und Verhalten.

so ist es jetzt notwendig ihm die Frage zu stellen, was alles bereits getan wurde, um auf sieben Punkte zu gelangen.

Hören Sie jetzt Ihrem Mitarbeiter zu, was er berichtet. Danach stellen Sie ihm eine hypothetische Frage, die lautet: „Was könnten wir noch tun, um die interne Kundenorientierung auf einen Wert von 9 Punkte zu steigern?" Im weiteren Vorgehen verfahren Sie wie bereits beim Trichtermodell beschrieben.

Direkte und manipulative Fragen

Hier soll eine grundlegende Unterscheidung getroffen werden und zwar dem Zweck einer Frage entsprechend: Direkte Fragen wollen zur Wahrheit vorstoßen. Sie erleichtern dem Gegenüber zu sagen, was er oder sie sagen möchte, und Sie selbst können besser verstehen, was er oder sie denkt.

Eine zentrale Frage in dieser Rubrik wäre: „Wie gehen Sie jetzt weiter vor?"

Manipulative Fragen sollen das Gegenüber dazu bringen, dass zu sagen, was Sie von ihm hören wollen. Diese Art von Frage hat zum Ziel, in eine vorbestimmte Richtung zu lenken und dem Gegenüber weniger Wahlmöglichkeiten zu lassen.

Diese Frageart ist nur kurzfristig erfolgreich und führt in Arbeitsbeziehungen meist zu Misstrauen mit Folgen für die weitere Zusammenarbeit und die Beziehung. Eine typische manipulative Frage wäre: „Sie wollen das doch bestimmt haben?"

Die Frage „Warum"

„Warum" ist in vielen Gesprächssituationen eine wenig nützliche Frageform. Wenn man eine Person fragt, warum sie etwas getan hat, bekommt man eine von zwei möglichen Antworten. Entweder die Ereignisse, die zu der Handlung führten oder den Grund für die Handlung. Meist erhält man auf „Warum" Fragen als Antwort, Rechtfertigungen und wenig nützliche Informationen. Wenn Sie nachfragen, warum jemand eine bestimmte Meinung hat, wird er ihnen gute Gründe dafür liefern, die Sie kaum widerlegen können, ohne die Beziehungsebene zu beschädigen. Da die Frage „Warum" meist aus dem kritischen Eltern-Ich gestellt wird, wird sie als versteckte Anklage aufgefasst. Die Fragewörter „wie" oder „was" stellen hier eine nützliche Alternative dar.

Systemische Frage

Diese Fragearten eignen sich besonders für Coaching-Situationen. Damit aus einer offenen Frage eine systemische Frage wird, bedarf es der Fokussierung auf die Zukunft und einer Lösungsorientierung statt einer Problemorientierung.

Der große Unterschied zwischen systemischen Fragen und herkömmlich offenen Fragen besteht darin, dass bei systemischen Fragen nicht nur der Fragende mehr Informationen erhält, sondern auch unser Gegenüber.

Sie als Führungskraft geben hierbei durch die Art der Fragestellung verdeckte Botschaften an Ihren Gesprächspartner weiter.

Die Folge ist, dass der Gesprächspartner zum Nachdenken angeregt wird und zu neuen Erkenntnissen und Einsichten gelangt.

Weiterführende Denkanstöße geben

Diese Technik der non-direktiven Gesprächsführung wurde bereits unter den Fragetechniken beschrieben. Da dieser Technik jedoch eine äußerst große Bedeutung zukommt, soll sie in diesem Kapitel separat dargestellt werden.

Wenn Sie Ihren Gesprächspartner bewegen wollen, über die zumeist selbst auferlegten Grenzen hinaus zu denken, dann ist diese Technik eine geeignete Methode. Diese Technik engt im Gegensatz zum Ratschlag den Gesprächspartner nicht ein, sondern fördert seine Kreativität und seine Innovation.

Typisches Merkmal ist die Formulierung von Fragen im Konjunktiv. Fragen dieser Art lauten: „Angenommen, wir hätten … Welche Möglichkeiten gäbe es dann?" „Was wäre, wenn …?" „Welche Konsequenzen hätte das vermutlich?" „Wie würde es aussehen, wenn …?" „Was würde passieren, wenn …?" „Was könnte bestenfalls/schlimmstenfalls geschehen, wenn …?"

Durch diese Fragetechnik wird das Gegenüber in sein freies und kreatives Kindheits-Ich geführt. In Gedanken werden die positiven und eventuellen negative Konsequenzen einer Entscheidung oder einer Idee durchgespielt. Durch dieses Vorgehen können Bedenken und Unsicherheiten angesprochen und bearbeitet werden.

Metakommunikation

Die Metakommunikation ist das „Gespräch über das Gespräch". Man nimmt eine übergeordnete Stellung wie ein Hubschrauber ein und betrachtet den Gesprächsprozess gleichsam von oben.

Wie bereits ausgeführt, teilt der Gesprächspartner neben einem Sachinhalt auch indirekt und nebenbei Informationen über sich und die Beziehung zum Gesprächspartner mit.

Dabei kann er in dem Gespräch auch Verhaltensweisen zeigen, die die Führungskraft sich nicht wünscht: Der Gesprächspartner könnte beispielsweise übertriebenen Widerstand leisten, indem er alle Vorschläge der Führungskraft ignoriert oder mit vorgeschobenen Sachgründen ablehnt.

Man beginnt sich in einem Gespräch im Kreis zu drehen und kommt in der Sache nicht weiter. In solchen Fällen dient die Metakommunikation der Klarstellung des Beziehungsaspektes bzw. des Prozesses in der Interaktion.

Es gibt verschiedene Arten, Metakommunikation zu betreiben:

- Sie fragen nach dem subjektiven Erleben der Situation beim Gesprächspartner oder der Gruppe.
- Sie enthält eine klare Aussage über die subjektiv wahrgenommene Beobachtung von Signalen und Verhaltensweisen und eine klare Aussage über die eigenen durch diese Wahrnehmung ausgelösten Irritationen oder Gefühle.
- Sie enthält eine klare Aussage über die subjektiv wahrgenommene Beobachtung von Signalen und Verhaltensweisen.
- Sie äußern Vermutungen über die Beweggründe für diese Signale beim Gegenüber.

Beispiele für Metakommunikation:

„Wie erleben Sie unsere Besprechung im Moment? Haben Sie auch den Eindruck, wir drehen uns im Kreis?"

„Sie erklären manchmal Dinge für mich sehr ausführlich. Das macht mich gelegentlich ungeduldig, weil ich den Verdacht bekomme, Sie trauen mir nicht viel zu ..."

Falsch wäre: „Sie erklären manchmal Dinge sehr ausführlich. Daraus entnehme ich, dass Sie mir das nicht zutrauen."

> **Metakommunikation**
> Die Metakommunikation ist eine Form von Feedback und
> sie bezieht sich dabei nicht auf den Inhalt, sondern auf
> den Verlauf und den Prozess im Gespräch.

Gefühle reflektieren

Gefühle sind immer Bestandteil menschlichen Handelns
und Denkens. Sie motivieren zu Annäherung und Auseinandersetzung mit sachlichen Problemen ebenso wie zu
Flucht und Abwehr.

Zwiespältige Gefühle wie der Zweifel führen zu Zögern
und widersprüchlichem Verhalten. Wut und Ärger können
zu spontanen, übertriebenen Reaktionen führen, während
Trauer und Resignation zeitweise zur Handlungsunfähig-
keit verleiten können.

Wie in der Farbenlehre einige wenige Grundfarben zu
allen erdenklichen Farben gemixt werden können, so gibt
es auch einige wenige Grundgefühle, aus denen sich alle
Gefühlszustände bilden. Diese Grundgefühle sind Angst,
Ärger, Trauer, Freude und Liebe.

So wie man in der Gesprächsführung Ideen und Gedanken
des Gesprächspartners durch Paraphrasieren spiegeln kann, so
kann es durchaus sinnvoll und förderlich für die Gesprächsführung sein, wenn Gefühlszustände des Gegenübers gespie-

gelt werden. Diese Form der Reflexion führt zu einem entspannten und mitfühlenden (empathischen) Gesprächsklima.

Die Reflexion von Emotionen hat zum Ziel, das Gegenüber dort abzuholen, wo es gerade steht. Das bedeutet, die Emotionen, die verdeckt geäußert werden, zu spiegeln und damit „besprechbar" zu machen.

Die Gefühle des Gegenübers werden durch Spiegeln angesprochen. Durch andere Fragetechniken kann dann in weiteren Schritten gemeinsam mit dem Mitarbeiter eine Lösung für das Problem entwickelt werden. Es ist ratsam manche Gefühle nicht direkt anzusprechen, da dies sonst für den Sender peinlich sein könnte.

Als Führungskraft ist es von Bedeutung, eine authentische und echte Kommunikationskultur zu pflegen. Neben den vielen sachlichen Aspekten in der Zusammenarbeit ist es notwendig, Gefühlzustände der Mitarbeiter zu erkennen, diese zu reflektieren und danach gemeinsam realistische Lösungen mit dem Mitarbeiter zu entwickeln.

Zusammenfassung

Eine weitere Technik der non-direktiven Gesprächsführung ist die Zusammenfassung. Im Gegensatz zu der Technik des Paraphrasierens, die sich auf einen Gedanken des Senders bezieht, bezieht sich die Technik des Zusammenfassens wie in einem Buch auf ein ganzes Kapitel und nicht nur auf einen Satz.

Diese Technik eignet sich dazu, die Ergebnisse eines Gespräches zu sichern und zu präzisieren. In eigenen Worten werden die Gesprächsergebnisse zusammengefasst und die Bestätigung vom Gesprächspartner eingeholt. Diese Technik eignet sich als Abschlusstechnik, um die im Gespräch getroffenen Vereinbarungen zusammengefasst darzustellen.

Eine zweite Möglichkeit bietet die Zusammenfassung in schwierigen Gesprächssituationen. Gerade in komplexen Verhandlungen oder im Konfliktfall kann eine „Zwischenzusammenfassung" hilfreich sein, den Verlauf des weiteren Gesprächs zu entspannen.

Als eine weitere Anwendung kann diese Technik dann eingesetzt werden, wenn es dem Gesprächspartner schwer fällt, sein Anliegen knapp und präzise darzustellen. Wer seine Gedanken erst beim Reden strukturiert, kommt sehr leicht in die Situation, äußerst ausschweifend zu formulieren und womöglich stellenweise den roten Faden zu verlieren. Hier erweist sich die Zusammenfassung als förderlich. Die Zusammenfassung stellt die Ergebnisse einer Besprechung sicher dar und reduziert auf diese Weise den Verzerrungswinkel der Kommunikation. Auch kann es sinnvoll und nützlich sein, dass das Gesprächsergebnis nicht vom Vorgesetzten, sondern vom Mitarbeiter zusammengefasst wird.

Konflikte managen

Wie entstehen Konflikte?

Konflikte sind eigentlich ganz normale und alltägliche Begleiterscheinungen unseres Zusammenlebens. Wo Menschen zusammenkommen, treffen unterschiedliche Meinungen, Interessen und Bedürfnisse aufeinander – entweder zwischen einzelnen Individuen, zwischen kleineren Gruppen oder auch zwischen großen Organisationen. Es gibt keine dauerhaft konfliktfreien Beziehungen.

Die meisten Konflikte werden im täglichen Leben auf völlig unspektakuläre Art und Weise beigelegt. Mal gibt der eine nach, mal der andere oder es wird für beide ein tragbarer Kompromiss ausgehandelt.

Manchmal nehmen Konflikte jedoch einen unschönen Verlauf. Das Gespräch endet in bitterem Streit, die Emotionen kochen hoch, man ist zornig und wütend auf den anderen und macht sich gegenseitig endlose, verletzende Vorwürfe. Ehe man sich versieht, ist ein Krieg im Gange, in dem die Vernichtung des Gegners zum Hauptziel geworden ist. Am Ende gibt es entweder einen Sieger und einen Besiegten oder zwei Verlierer. Um einen solchen Verlauf zu verhindern, bedarf es der Fähigkeit, Konfliktsituationen rechtzeitig zu erkennen und so zu steuern, dass Veränderungen möglich sind und gleichzeitig der Schaden begrenzt wird.

Konflikte lassen sich nach folgenden Kriterien unterscheiden:

Zielkonflikt – Uneinigkeit über Ziele: Menschen und Gruppen stehen in einem Zielkonflikt, wenn sie verschiedene Ziele verfolgen und dabei voneinander abhängig sind.

Bewertungskonflikt – Uneinigkeit über Wege: Menschen und Gruppen verfolgen dieselben Ziele, versuchen sie aber auf unterschiedlichen Wegen zu erreichen.

Verteilungskonflikt – Uneinigkeit über die Verteilung von Ressourcen: Menschen und Gruppen können sich über die Verteilung von Ressourcen nicht verständigen.

Beziehungskonflikt – Uneinigkeit über die Art der sozialen Beziehung: Jeder Mensch hat das Bedürfnis, von anderen akzeptiert und anerkannt zu werden. Wird dieses Bedürfnis nicht beachtet, so werden möglicherweise Gefühle von Unterlegenheit, Inkompetenz oder Machtlosigkeit aktiviert. Daraus können natürlich Konflikte resultieren.

Welchem Ablauf folgen Konflikte?

Ein unkontrollierter Konflikt verläuft typischerweise in unterscheidbaren Phasen (Glasl, F. 1999):

1. Spannung: Ein Sachthema, das im Rahmen eines zunächst durchaus partnerschaftlichen Dialogs Anlass war, unterschiedlicher Meinung zu sein oder unterschiedliche Interessen geltend zu machen, führt langsam zu ersten Spannungen, die gewohnheitsmäßig ignoriert werden.

2. Debatte: Im Verlauf der Diskussion entsteht eine kritische Situation: Argumente der einen Seite werden von der anderen nicht akzeptiert. Man stellt das, was gesagt wird, in Frage. Man unterstellt der anderen Seite Eigennutz, Taktik und in der Konsequenz, Unaufrichtigkeit und eine böse Absicht. An diesem Punkt gerät die Diskussion auf die moralische Ebene. Erste Beschuldigungen und Abwertungen werden gemacht. Die Sachfrage wird überlagert durch Wert-, Beziehungs- und Personenfragen. Emotionen kommen verstärkt ins Spiel.

3. Taten: Sobald eine Seite glaubt, von der anderen nicht in ihrer Würde und Integrität akzeptiert oder verletzt oder gar vorsätzlich angelogen oder missbraucht zu werden, reagiert sie mit Wut. Sie betrachtet den Fehdehandschuh als geworfen und geht zum – wie sie glaubt – berechtigten Gegenangriff über. Und exakt das Gleiche geschieht auf der Gegenseite. Der Konflikt eskaliert.

> Die einzelnen Phasen in einem Konflikt können sehr schnell durchlaufen werden oder einzelne Phasen werden übersprungen.

4. Koalition: Die Kommunikation wird abgebrochen. Man versucht, den Gegner zu isolieren und ihm Schaden zuzufügen. Es wird im Umfeld nach Verbündeten gesucht. Der Konflikt gerät in die heiße Phase. Die Emotionen liefern auf beiden Seiten in gewaltigem Umfang Energie, die dazu führt, dass sich die Menschen zur Verteidigung ihrer Interessen sehr engagieren. Das weitere

Geschehen vollzieht sich nicht mehr auf der Ebene der Sachlogik, denn der Vorgang hat sich einer rationalen Kontrolle entzogen. Beide Seiten registrieren nur noch, was die Vorurteile über den Konfliktpartner bestätigen und blenden systematisch alles aus, was diesem widerspricht. Konsequenz: Durch jeden Schritt der einen Seite fühlt sich die andere legitimiert, noch massiver zurückzuschlagen. Die ursprüngliche Sachfrage steht jetzt schon lange nicht mehr im Vordergrund, sondern das aktuelle Verhalten der jeweils anderen Seite. Der Kampf generiert sich selbst.

5. Gesichtsverlust: Man versucht, bei jeder sich bietenden Gelegenheit den Gegner bloß zu stellen, lächerlich zu machen und ihn zu verletzen.

6. Bedrohen: Bedrohungen werden offen ausgesprochen.

7. Begrenzte Angriffe: Man versucht, gezielt den Gegner persönlich zu schädigen, indem man ihm seine Ressourcen wegnimmt, das Hab und Gut angreift.

8. Vernichtung und Selbstvernichtung: Das Ziel ist hier die Vernichtung des Gegners – koste es, was es wolle! Alle erdenklichen Kräfte werden aufgeboten, nur um den anderen zu schädigen.

9. Verhärtung: Kein Konflikt bleibt dauerhaft in einer heißen Phase. Früher oder später kommt es zu einer Abkühlung, sei es, weil eine Seite gewonnen und ihre Interessen durchgesetzt hat, sei es, weil aufgrund der Kräfteverhältnisse eine Pattsituation entstanden ist, aus der sich ein Zustand labilen Gleichgewichts entwickelt hat. Im letzteren Fall herrscht „kalter Krieg", der Konflikt ist chronisch geworden. Im Arbeitsbereich tritt dann die Situation ein, dass tatsächlich oder vermeintlich erlittenes Unrecht nicht vergessen wird. Es bleibt als dauerndes Konfliktpotenzial für die Zukunft bestehen.

Wesentliche Schritte einer konstruktiven Konfliktlösung

1. Ansprechen des Konflikts (Worum geht es mir?)
Ergreifen Sie die Initiative (ohne zu überrumpeln). Sprechen Sie einen Konflikt direkt an. Sagen Sie klar und deutlich, worüber Sie sprechen wollen. Sagen Sie klar, worin Sie aus Ihrer Sicht die Störung der Zusammenarbeit sehen. Benützen Sie Ich-Botschaften, um den Konflikt zu beschreiben. Geben Sie beim Ansprechen eines Konfliktes keine Lösungen vor. Beziehen Sie Ihren Gesprächspartner in die Konfliktregelung ein und verzichten Sie auf das einseitige Vorschreiben von Lösungen. Sprechen Sie einen Konflikt vorwurfsfrei an. Verzichten Sie auf Vorwürfe, Beleidigungen und Demütigungen.

2. Klärung des Hintergrunds (Worum geht es Dir?)
Diese Phase des Konfliktmanagements lebt von Fragen, weil zunächst die Bedürfnisse, Probleme, Wünsche und Motive des Gegenübers zu erfragen sind. Ziel ist es heraus-

zufinden, um was es dem anderen wirklich geht und was seine (verdeckten) Motive für sein Verhalten sind. In dieser Phase der Klärung finden die Techniken der non-direktiven Gesprächsführung Anwendung. Jegliche Form von Killerphrasen ist in dieser Phase zu vermeiden, wie: „… ja, aber …" oder „… ich verstehe, aber …".

3. Sammeln von Lösungsmöglichkeiten
Nachdem die Perspektiven ausgetauscht und verstanden wurden, können nun Lösungsvorschläge und Angebote entwickelt werden. Natürlich wird dabei jede Partei dies zu ihren Gunsten tun. Das Gemeinsame wird immer wieder betont. In einem Brainstorming werden erste Ideen gesammelt, ohne diese zu diskutieren oder zu bewerten.

4. Annäherung
Beide Seiten bringen Ihre Argumente ein, Einwände werden sachlich geklärt, Gegenargumente werden aufgebaut. Durch die Anwendung der Techniken aus der non-direktiven Gesprächsführung, insbesondere das Paraphrasieren und die Fragetechniken wird eine sachliche und konstruktive Atmosphäre gestaltet. Im Vordergrund steht der Nutzen, der aus einer Lösung für beide Parteien entstehen kann. Dieser Nutzen kann für beide Parteien unterschiedlich sein. Für die eine Partei ist zum Beispiel eine kostengünstige Lösung von Nutzen, während für die andere Partei der Imagegewinn im Vordergrund steht. Gemeinsamkeiten werden hervorgehoben.

5. Entscheiden

Miteinander werden jetzt Kriterien gesammelt, um diese Ideen zu bewerten. Die Lösungsalternativen werden auf ihren Nutzen geprüft und man einigt sich entweder auf einen Kompromiss oder man findet sogar einen Konsens, d. h., welche Lösung stellt für beide Seiten den größten Nutzen dar? Schritt für Schritt wird auf eine Entscheidung hin gearbeitet. Ein Abschlussangebot wird konkretisiert und die Vorteile für den Partner im Rahmen einer Nutzenbetrachtung hervorgehoben. Jede Entscheidung birgt ein Restrisiko in sich. Es ist die Aufgabe der Führungskraft dem Mitarbeiter über diese Hürde hinwegzuhelfen.

6. Umsetzung vereinbaren

Bei Unschlüssigkeit hat sich in der Führungspraxis bewährt, die erzielte Lösung vor einer endgültigen Umsetzung zu „testen". Die gemachten Erfahrungen können dann bei einem nächsten Treffen dazu dienen, eine endgültige Lösung zu vereinbaren.

7. Eventuelle Konsequenzen (bei Nichteinhaltung der Vereinbarung)

In manchen Situationen und bei manchen Mitarbeitern kann eine solche Vereinbarung durchaus sinnvoll sein. Gemeinsam wird festgelegt, was konkret geschieht, wenn die getroffenen Vereinbarungen nicht eingehalten werden. Die vereinbarten Konsequenzen müssen allerdings auch umsetzbar sein.

Leistungsmanager

Für eine Führungskraft gilt, dass jeder Wind ungünstig ist, wenn der Kurs nicht klar ist. Im Folgenden werden wesentliche Führungsinstrumente beschrieben, die Ihnen helfen, strukturiert und effizient zu führen. Grundlegend gilt bei diesen Führungsinstrumenten, dass eine Medizin nur dann wirken kann, wenn sie konsequent und nach Anweisung genommen wird.

Führungsinstrumente

Die Wirkung und damit der Erfolg von Führungsinstrumenten verpufft, wenn diese nicht konsequent angewandt werden. Was ist damit gemeint? Ein Beispiel: In etlichen Unternehmen werden zwar Ziele mit den Mitarbeitern vereinbart, jedoch eine anschließende Begleitung und ein Zielcontrolling zur Unterstützung des Mitarbeiters, die Ziele zu erreichen, findet nicht statt. Nach einem Jahr findet dann, insbesondere wenn die Ziele nicht so erreicht wurden, wie von Seiten der Führungskraft gedacht, die „große Abrechnung" statt.

Ein wesentliches Führungsinstrument stellt das „Führen mit Zielen" dar. Aus diesem Grund wird auf dieses Führungsinstrument in diesem Buch ein großes Augenmerk gelegt. Wie Sie ein gezieltes Informationsmanagement gestalten, bei dem die Führungskraft wichtige Informationen visualisiert, ohne gleich in eine Power-Point-Präsentation abzugleiten, wird danach besprochen.

Wie strukturieren Sie sich selbst? Ein bekannter Managementberater meinte einmal: „Eine Führungskraft, die sich selbst nicht führen kann, kann auch andere nicht führen." Deshalb wird im Folgenden auch auf die Grundlagen für die Planung Ihres Arbeitsalltages eingegangen. Eine solche Planung kann nur relativ sein und stellt ein Hilfsmittel dar; einen Rahmen für die Bewältigung des Führungsalltags. Die Zeit ist für eine Führungskraft immer zu knapp und es gilt im Alltag bei dieser Knappheit darauf zu achten, den Überblick zu behalten.

Das Coaching, die Unterstützung des Mitarbeiters, ist ein weiteres wichtiges Führungsinstrument. Die Unterstützung erfolgt, damit der Mitarbeiter in der Bewältigung seiner Aufgaben noch erfolgreicher wird und so noch mehr Anerkennung erfährt.

Erkennt der Mitarbeiter in diesem Verhalten der Führungskraft einen persönlichen Nutzen, nimmt er das Feedback auch gerne an. Diese Art von Feedback motiviert Menschen. Diese Haltung ist jedoch nicht mit einer Einstellung „Ich meine es doch nur gut!" zu verwechseln.

Auch das Controlling stellt ein wesentliches Führungsinstrument dar. Dabei kommt es bei der Anwendung auf die Einstellung und die Haltung zu diesem Führungsinstrument an. Hat eine Führungskraft die Einstellung, Kontrolle diene lediglich dazu, Fehler der Mitarbeiter zu korrigieren, so wird diese Führungskraft scheitern, denn der Mitarbeiter wird aus dem Verhalten der Führungskraft keinen persönlichen Nutzen erkennen.

Zielmanagement

Ziele helfen uns, unsere Ideen und Visionen zu verwirklichen, uns auf Dinge, die uns wichtig sind zu konzentrieren. Durch diese Überlegungen sind der Sinn und der Zweck von Zielen gekennzeichnet. Ziele helfen, sich auf die wesentlichen Dinge zu konzentrieren und sich nicht durch die vielen Ablenkungen des Alltags verführen zu lassen.

Zielmanagement ist ein wesentliches Instrument einer effektiven Führung unter Partizipation des Mitarbeiters, wo diese sinnvoll und notwendig ist. Durch diese Partizipation fühlt sich der Mitarbeiter gefördert und geschätzt. Die Motivation des Mitarbeiters wird verstärkt, da Ziele ihm Orientierung, Sicherheit, Perspektiven und Erfolgserlebnisse geben und ermöglichen.

Durch die Einbindung des Mitarbeiters in den Zielvereinbarungsprozess fördern Sie:

- die Eigeninitiative des Mitarbeiters.
- die Akzeptanz mit den Zielen und eine Selbstverpflichtung zur Zielerreichung.
- den Aufbau von Kompetenzen in der Planung von Maßnahmen zur Zielerreichung.

Zielmanagement im Unternehmen

Ziele beschreiben und definieren Ergebnisse, die im Interesse des Unternehmens und der Mitarbeiter liegen. Damit Ziele ihre motivierende Wirkung entfalten können, ist es notwendig, dass der Mitarbeiter seinen Nutzen und Beitrag zur Zielerreichung erkennen kann. Die vereinbarten Ziele werden aus den Unternehmenszielen abgeleitet bzw. sind diesen dienlich. Die Unternehmensziele können, je nach Branche, von der Unternehmensführung abstrakt formuliert werden. Die nachfolgenden Ebenen setzen diese in konkrete Abteilungs-, Team- und Gruppenziele um, die wiederum in konkrete Zielvereinbarungen mit den Mitarbeitern münden.

Dieser Prozess wird in der Praxis meist von „oben nach unten" als auch von „unten nach oben" durchlaufen. Zielvereinbarungen entstehen dabei aus Zielvorgaben des Unternehmens und den Zielvorstellungen der Mitarbeiter. In der Zielfindungsphase findet ein Austauschprozess zwischen allen Führungskräften und Mitarbeitern in horizontaler und vertikaler Richtung statt.

Die Themen für die Zielvorgaben ergeben sich aus zwingenden Anforderungen an die Organisationseinheiten. Dabei wirken das Unternehmensleitbild, die Ergebnisse der zurückliegenden Geschäftsperiode und die weitere strategische Ausrichtung des Unternehmens auf die Zielvorgaben ein. Ebenso fließen die Zielvorstellungen des Mitarbeiters in die Ziele ein. Aus diesem Dialog entstehen die Zielvereinbarungen. Zielvereinbarungen werden innerhalb eines Rahmens getroffen. Der Anteil von eigenen Zielvorstellungen und den Zielvorgaben durch den Vorgesetzten wird in dem Verhandlungsprozess zwischen den beiden Partnern definiert. Das Wort „Rahmen" ist ein wichtiger Begriff, da er den Sinn und Zweck von Zielvereinbarungen erklärt. Alles, was Menschen tun, geschieht in einem Rahmen.

Zielvereinbarungen

Um Ihren Mitarbeitern den Sinn von Zielvereinbarungen zu verdeutlichen ist es sinnvoll, Beispiele aus anderen Gebieten anzuführen. Erst wenn Ihr Mitarbeiter den Sinn verstanden hat, geht eine motivierende Wirkung von Zielvereinbarungen aus. Besteht kein Einvernehmen über den Sinn von Zielvereinbarungen, dann werden oft lediglich formale Vereinbarungen getroffen. Diese Zielvereinbarungen entfalten keine motivierende Wirkung, da das Commitment (bejahende Verpflichtung) fehlt.

Konzeption von Zielvereinbarungen

Zielmanagement leitet alle Mitarbeiter auf allen Ebenen aktiv zu zielorientiertem Denken und Handeln an. Dies äußert sich in einer aktiven Beteiligung der Mitarbeiter bei der Zielfindung, Zielformulierung, Zielvereinbarung und Bewertung der erreichten Ziele.

Ein Ziel wird hier definiert als ein Zustand in der Zukunft. Diese Definition hat sich deshalb in der Führungspraxis bewährt, da sie beim Formulieren konkreter und messbarer Ziele wertvolle Dienste leistet. Denn, wenn ein Ziel ein Zustand in der Zukunft ist, dann geht es im Prozess der Zielkonkretisierung darum, diesen Zustand genau zu beschreiben, um diesen messbar zu machen. Die Maßnahmen, die sich aus den Zielen ableiten lassen, sind Aktionen, um diese zu erreichen.

Die Zielvereinbarung ist eine – zwischen Führungskraft und Mitarbeiter getroffene Vereinbarung – und damit eine Verpflichtung, alles daran zu setzen, diese Ziele zu erreichen.

Zielfelder

Es ist zu unterscheiden zwischen Unternehmenszielen, Abteilungs- und Gruppen-/Teamzielen, Mitarbeiterzielen und persönlichen Zielen. Eine konsequente und ganzheitliche Betrachtung aller Zielfelder sichert den Einsatz ausgewogener Handlungsstrategien und damit den unternehmerischen Erfolg.

Unternehmensziele: sind die Ziele des Unternehmens, die in der Geschäftsführung vereinbart werden.

Abteilungs- und Gruppenziele: Aus den Unternehmenszielen werden die Abteilungs- und Gruppenziele abgeleitet.

Mitarbeiterziele: Es handelt sich hierbei um Ziele, die der Mitarbeiter im Rahmen seiner Aufgaben erreichen soll. Diese Ziele werden aus den Gruppenzielen abgeleitet. Darüber hinaus können auch persönliche Ziele vereinbart werden. Bei diesen Zielen kann es sich um Qualifikations- oder Verhaltensziele handeln.

Messbare und spezifische Ziele definieren

Im Folgenden möchte ich zusammen mit Ihnen erarbeiten, wie Sie zu eindeutigen Zieldefinitionen und Zielvereinbarungen mit Ihrem Mitarbeiter gelangen. Um Sie in diesem Prozess zu unterstützen, möchte ich Sie bitten, folgende Übung durchzuführen. Es geht darum herauszufinden, ob wirklich nur das Ziel oder bereits die konkrete Maßnahme genannt wird. Diese Übung ist deshalb so wichtig, da immer wieder zu beobachten ist, dass den Mitarbeitern bereits konkrete Maßnahmen vorgeschrieben werden, statt mit ihnen wirklich partizipativ (mit ihrer Teilnahme) Ziele zu vereinbaren und die Maßnahmen zur Zielerreichung gemeinsam daraus abzuleiten. Diese Führungskräfte sind dann in der Folge erstaunt, dass die vermeintlichen Ziele keine motivierende Wirkung entfalten.

Ein Ziel ist ein Zustand in der Zukunft. Um zu einer eindeutigen Zieldefinition zu gelangen, stellen Sie sich oder Ihrem Mitarbeiter folgende Frage: „Woran werden Sie oder das Umfeld erkennen, das Sie das Ziel erreicht haben?"

Gedanklich reisen Sie in die Zukunft und stellen sich vor, dass Sie oder der Mitarbeiter das Ziel erreicht haben. Sie versuchen, den gewünschten Zielzustand zu beschreiben.

Die Antworten auf diese Frage fallen meist sehr ähnlich aus. Meist antwortet Ihr Gegenüber: „Es geht besser." oder „Es geht schneller." oder „Es geht einfacher."

Der nächste Schritt zur eindeutigen Definition von Zielen besteht in der folgenden Frage: „Was geht einfacher oder schneller oder besser? Wie geht es denn jetzt, schätzen Sie einmal? Da es vielen Menschen schwer fällt zu schätzen, wie lange sie zum Beispiel für ihre Postbearbeitung benötigen, ist es nützlich diese Frage noch zu ergänzen: „Wie lange benötigen Sie denn jetzt mit Ihrer Postbearbeitung im Durchschnitt, schätzen Sie doch einmal – Minimum und Maximum? Durch diese beiden Begriffe fällt es den meisten Menschen leichter sich festzulegen und den Ist-Zustand zu quantifizieren.

Sie erhalten jetzt eine Definition des Ist-Zustandes in einem Minimum-Maximum-Bereich und können mit Ihrem Mitarbeiter einen Durchschnittswert definieren. Diese Schätzungen liegen meist sehr nahe an der Realität und stellen eine gute Ausgangsbasis für den nächsten Schritt dar, nämlich der Definition eines eindeutigen und messbaren Zieles.

Die nächste Frage zur Zieldefinition lautet: „Was genau ist jetzt Ihr Ziel – um wie viel besser oder schneller wollen Sie in Zukunft z. B. Ihre Post bearbeiten?"

Folgende Liste kann Ihnen dabei helfen, die Übersicht über die Ziele zu bewahren und zu eindeutigen Zielformulierungen zu gelangen:

Ziel: Was ist das Ziel? Woran werde ich erkennen, dass ich das Ziel erreicht habe? Welche Kennziffern eignen sich, um die Zielerreichung zu messen?

Termin: Bis wann habe ich das Ziel erreicht?

Maßnahmen: Was tue ich, um das Ziel zu erreichen?

Status: Was wurde bisher erreicht? Erfüllungsgrad?

Formulieren Sie die Ziele positiv

Warum ist es wichtig, Ziele positiv zu formulieren? Stellen Sie sich vor, man sagt zu einem Kund: „Pass auf, dass Du nicht hinfällst!" Zuerst muss das Kind überlegen, was dies bedeutet. Es macht sich unbewusst Gedanken von einem hinfallenden Kind, um danach im Kopf das Gegenteil davon zu entwickeln. Durch diesen inneren Prozess steigt die Wahrscheinlichkeit, dass das Kind tatsächlich hinfällt, da bekanntlich Gedanken das Handeln steuern. Fällt es jetzt tatsächlich hin, ist eine häufig zu beobachtende Reaktion: „Habe ich Dir doch gerade gesagt – pass auf, dass Du nicht

Leistungsmanager

hinfällst." Das Ergebnis solcher wiederkehrenden Muster in der Kindheit sind unsichere und verängstigte Menschen mit geringem Eigenantrieb.

Ziele sollen einen Endzustand beschreiben – dorthin wollen wir. Sie sollen nicht beschreiben, was wir nicht wollen,

Formulieren Sie die Ziele positiv, um eine positive Programmierung dieser Ziele bei Ihren Mitarbeitern zu erreichen.

sondern was wir zu erreichen begehren. Es macht einen großen Unterschied, ob man mit den Mitarbeitern vereinbart, „dass keine Unfälle geschehen sollen" oder ob man vereinbart, „unser Ziel in der Produktion ist, Unfallfreiheit zu erreichen und die Gesundheit aller Mitarbeiter zu erhalten."

Welche Gütekriterien erfüllen Ziele?

Ein Ziel enthält Kriterien, die die Zielsetzung konkretisieren. Wie sieht der Zielzustand genau aus? Woran werden wir/andere erkennen, dass wir/sie unser/ihr Ziel erreicht haben? Was ist der Unterschied zu dem Jetzt-Zustand?

Beispiel 1: Steigerung des Marktanteils; der Marktanteil im Neukundengeschäft beträgt bis Ende dieses Jahres 20 %.

Rahmenbedingung: keine Neueinstellungen; ein Budget in Höhe von x € steht für Qualifizierungsmaßnahmen zur Verfügung.

Beispiel 2: Verbesserung der Sauberkeit in der Produktionshalle XY; Ziel ist, dass ein Durchschnittswert von mindestens

7 Punkten auf einer Skala von 1 bis 10 bei den Audits zur Sauberkeit erreicht wird (von lat. „Anhörung"; Untersuchungsverfahren, um Prozesse hinsichtlich der Erfüllung von Anforderungen und Richtlinien zu bewerten).

Maßnahme: pro Monat wird unangekündigt ein Audit zur Sauberkeit durchgeführt.

Bemerkung: Da dieses Ziel in seiner ursprünglichen Form weder messbar noch motivierend ist, wird es umgestaltet. In einem ersten Schritt wird der Begriff „Sauberkeit" definiert, indem die Frage „Was genau soll welchen Zustand aufweisen?" geklärt wird. In einem zweiten Schritt wird eine Skala definiert, an Hand der die einzelnen Kriterien, die Sauberkeit definieren, gemessen werden können.

Beispiel 3: Steigerung der Kundenorientierung; Kundenanfragen sind bis Mitte des Jahres im Durchschnitt nach x Tagen entschieden.

Rahmenbedingung: moderne PC-Lösungen finden Anwendung; auf Dauer werden keine Überstunden gemacht.

Die Zielvereinbarung ist messbar oder beobachtbar.

Wie viel davon wollen wir erreichen?

Mit Mitarbeiter oder Team zu Zielvereinbarungen gelangen

An dieser Stelle wird beschrieben, wie man mit Mitarbeitern persönliche Ziele vereinbaren oder auch mit Teams spezifische Teamziele definieren kann. Beide Prozesse sind von ihrer Struktur identisch und werden deshalb gemeinsam betrachtet.

In einem ersten Schritt wird der Mitarbeiter befragt, was ihm im Rahmen seiner Aufgaben alles gut gelingt und wo er seine Stärken sieht. Gemeinsam mit dem Mitarbeiter wird eine Liste der Stärken entwickelt. In einem Zwischenschritt wird die Überleitung zum nächsten Arbeitsschritt formuliert. Lassen Sie sich hierfür Zeit, damit der Mitarbeiter erkennt, dass das Ziel dieser Besprechung eine differenzierte Betrachtung von Tatsachen ist. Als geeignet haben sich für diese Überleitung Formulierungen wie „Wo Licht ist, ist auch Schatten." oder „Lassen Sie uns jetzt gemeinsam die andere Seite anschauen." oder „Alles hat Vorteile und auch Nachteile." erwiesen. Danach folgt eine der Fragen: „Was sind denn die Dinge, die Ihnen weniger gut gelingen?" oder „Was würden Sie denn, wenn Sie könnten, an Ihrem Verhalten verändern wollen?" oder „Was würden Sie gerne noch besser machen?"

All diese Fragen zeugen von ihrer Haltung gegenüber dem Mitarbeiter von Wertschätzung. In den meisten Fällen formulieren jetzt die Mitarbeiter zwei Verhaltensweisen, in denen sie sich gerne verbessern möchten. Selten formulieren die Mitarbeiter ein oder sogar drei Verhaltensweisen, äußerst selten fällt ihnen gar nichts dazu ein. Aus dieser Liste von Veränderungswünschen wählen Sie mit dem Mitarbeiter eine Verhaltensweise aus, wo der Mitarbeiter sich

Zielmanagement

gerne weiter entwickeln möchte. Hieraus wird das persönliche Ziel des Mitarbeiters formuliert.

Ganz ähnlich ist das Vorgehen mit einem Team. Gemeinsam wird definiert, was das Team erfolgreich macht. Hier fallen solche Begriffe wie: Qualifikation, Motivation, Flexibilität, Image, Kommunikation, Kundenorientierung, Prozessorientierung, Effizienz usw.

Diese Liste stellt dann den Maßstab dar, an dem der Ist-Status des Teams gemessen werden kann. In einem nächsten Schritt wird über eine anonyme Kartenabfrage erfragt, in welchen Bereichen das Team bereits gut ist. Die Karten werden nach ähnlich lautenden Begriffen in Themengebiete eingeteilt.

Nach einer Überleitungsphase wird wieder mit Hilfe einer anonymen Kartenabfrage erfragt, in welchen Bereichen das Team noch besser werden möchte und wo der größte Handlungsbedarf gesehen wird. Für diese Beiträge werden wieder Schwerpunkte gebildet.

Nach einer Einteilung in A-, B- und C-Prioritäten werden aus diesen Schwerpunkten Teamziele abgeleitet. Dies geschieht wieder nach dem auf Seite 98/99 definierten Muster. „Woran werden wir erkennen, dass wir unser Teamziel erreicht haben?"

Im nächsten Schritt werden die Maßnahmen zum Erreichen dieser Teamziele und evtl. Verantwortlichkeiten festgelegt.

Ablauf des Zielvereinbarungsprozesses

Die Vorbereitungen für das Zielvereinbarungsgespräch sollten bereits etwa ein bis zwei Wochen vor dem eigentlichen Zielvereinbarungstermin beginnen. Sowohl der Mitarbeiter als auch die Führungskraft bereiten sich getrennt auf das Gespräch vor.

Phase: Der Vorgesetzte bereitet sich vor

In dieser Phase werden zur Vorbereitung die folgenden Schwerpunkte durch die Führungskraft bearbeitet.

Der Vorgesetzte klärt und analysiert seinen „Zielkorridor": Welche Ziele lassen sich für diesen Verantwortungsbereich aus den Unternehmenszielen ableiten? Welche Ziele sind im Verantwortungsbereich zu erreichen? Welche Ziele wurden bereits mit dem Vorgesetzten vereinbart? Welche Teilziele lassen sich daraus für den Mitarbeiter ableiten?

Bestandsaufnahme über den bisherigen Zielerreichungsgrad mit dem Mitarbeiter: Welche Ziele wurden mit dem Mitarbeiter im vergangen Zeitraum vereinbart? Was ist gut und weniger gut gelaufen? Hat der Mitarbeiter die vereinbarten Ziele erreicht? Warum? Warum nicht?

Zielperspektiven des Vorgesetzten: Welche Zielvorschläge muss und will die Führungskraft dem Mitarbeiter unterbreiten (Was, Wie, bis Wann). Was erwarten unsere „Kunden" eigentlich von uns? Dominieren Standard- und Leistungsziele oder gibt es auch Innovationsziele?

Hintergrundinformationen für den Mitarbeiter: Welche Begründungen und Hintergrundinformationen braucht der Mitarbeiter, damit auch er frühzeitig über Ziele und Wege nachdenken kann? Wie informiere ich ihn über wesentliche Rahmenbedingungen, Eckwerte, Geschäftsperspektiven?

Rückendeckung: Welche Unterstützung kann ich als Vorgesetzter realistisch anbieten? Welche Rückendeckung muss ich geben, damit der Mitarbeiter eine Chance zur Zielerreichung hat (Kontakte, Vorgespräche mit meinem Vorgesetzten, Ressourcenklärung)? Welche Hilfestellungen, Förderung, Beratung braucht mein Mitarbeiter? Wie kann ich ihm diese anbieten?

Phase: Der Mitarbeiter bereitet sich vor

In dieser Phase werden zur Vorbereitung die folgenden Schwerpunkte durch den Mitarbeiter vorbereitet.

Zielklärung des Mitarbeiters: Was will er im kommenden Zielvereinbarungszeitraum konkret anpacken, anders oder neu machen? Was war im vergangenen Zielvereinbarungszeitraum gut und soll so beibehalten werden? Vertragen sich die Zielvorstellungen des Mitarbeiters mit den Zielen der Abteilung, des Vorgesetzten, der Kollegen?

Informationsbedarf des Mitarbeiters: Welche Informationen braucht der Mitarbeiter von seinem Vorgesetzten?

Welche Hintergrundinformationen über Ziele, Entwicklungstendenzen und Entscheidungen des Unternehmens benötigt er, damit seine Zielvorschläge realistisch sind?

Unterstützung: Welche hierarchische Rückendeckung braucht der Mitarbeiter von seinem Vorgesetzten? Was soll der Vorgesetzte hier konkret tun? Wo soll der Vorgesetzte „Türöffner" spielen? Welche Mittel und Ressourcen benötigt der Mitarbeiter für die Realisierung seiner Zielvorschläge?

Präsentation der Zielvorschläge: Wie präsentiert der Mitarbeiter seinem Vorgesetzten seine Zielvorschläge (visualisiert, mit welchen Zahlen und Fakten)?

Zielcontrolling

Im Rahmen eines regelmäßigen Zielcontrollings informieren sich Mitarbeiter und Führungskraft kontinuierlich über den Stand der Zielerreichung. Auf diese Weise begleitet und unterstützt die Führungskraft die Zielumsetzung. Ein regelmäßiges Zielcontrolling ist innerhalb des Umsetzungsprozesses unerlässlich.

Es sollten turnusgemäß mindestens zwei Meilensteingespräche im Jahr durchgeführt werden, damit eventuelle Abweichungen in der Zielrealisierung erkannt und der Mitarbeiter entsprechend unterstützt werden kann. Zusätzlich kann ein Zielcontrollinggespräch auch anlassbezogen erfolgen, z. B. dann, wenn sich die Rahmenbedingungen deutlich verändern. Dies gilt sowohl bei einer Verschlechterung als auch bei einer Verbesserung der Rahmenbedingungen.

Erkennt einer der unmittelbar Beteiligten, dass sich wesentliche Rahmenbedingungen geändert haben, so informiert er den anderen Beteiligten zeitnah und vereinbart einen Termin für ein entsprechendes Gespräch.

Im Zielcontrolling werden gegebenenfalls weitere Unterstützungsmaßnahmen vereinbart und bei deutlicher Änderung der Rahmenbedingungen werden die Ziele entsprechend angepasst.

Im Zielcontrolling geht es nicht darum, die Beteiligten zu „kontrollieren", sondern den Ablauf der Zielumsetzung erfolgreich zu lenken, zu steuern und zu begleiten. Die Zielerreichung wird dabei immer im Auge behalten.

Die Praxis zeigt allerdings, dass gerade in diesem Punkt gravierende Führungsfehler gemacht werden. Entweder findet überhaupt kein Zielcontrolling statt oder nur in unzureichender Form im Sinne von – „Haben Sie kurz einmal Zeit." Hier wird eine große Chance für eine professionelle Führung vertan, um den Mitarbeiter beim Erreichen der Ziele zu unterstützen.

Informationsmanagement

Wissen teilen ist Macht! Wissen für sich zu behalten, zieht langfristig Machtlosigkeit nach sich, da die Mitarbeiter das

Vertrauen in die Führung verlieren. Bei dem Führungsinstrument „Führen durch Informieren" geht es sowohl um die inhaltliche Gestaltung einer Nachricht als auch um die Informationsvermittlung.

Die fünf Verständlichmacher

Informieren bedeutet Wissen zu vermitteln, das notwendig ist, um vereinbarte Ziele und Aufgaben zu erreichen. Es beinhaltet die Aufgabe, Kommunikationswege in alle Richtungen aufzubauen, offen zu halten und diese regelmäßig zu benutzen. Die Informationen fließen sowohl von der Führungskraft zum Mitarbeiter als auch in umgekehrter Richtung. Die Informationen sind klar und verständlich, präzise formuliert und transparent, d. h. allen Betroffenen und Beteiligten zugänglich sowie vollständig und wahrheitsgetreu.

Wir leben in einer Zeit, in der überall und jederzeit Informationen zur Verfügung stehen. Dieses Mehr an Information und das Weniger an verfügbarer Zeit erfordern prägnante, komprimierte Kommunikation und Präsentation. Medien prägen den Informationsstil, und das Visualisieren von Informationen hilft diese wirkungsvoll zu transportieren. In dem Satz, „Ein Bild sagt mehr als 1 000 Worte" wird diese Erkenntnis kurz zusammengefasst.

Langer, Schulz v. Thun und Tausch (Verständlichkeit, München u. a. 1974, S. 13 ff.) wiesen nach, dass die Verständlichkeit von Informationen, Texten und Präsentationen durch die vier Dimensionen Einfachheit, Gliederung und Ordnung, Kürze und Prägnanz sowie durch die zusätzliche Stimulans bestimmt wird. Als weitere Dimension wird hier noch die Empfangsorientierung angefügt.

Einfachheit: Diese Dimension bezieht sich auf die sprachliche Formulierung, d. h. auf Satzbau und Wortwahl. Erreichbar ist Einfachheit unabhängig von der Schwierigkeit des darzustellenden Sachverhaltes. Kennzeichnend sind folgende Einzelaspekte, die zur Verdeutlichung gegen die entsprechenden Einzelaspekte der Kompliziertheit gestellt werden.

Gliederung und Ordnung: Die einzelnen Sätze und Abschnitte stehen in folgerichtigem Bezug zueinander und der „rote Faden" ist erkennbar. Zu dieser inneren Ordnung hat eine äußerliche zu treten, die dem Zuhörer bei der Unterscheidung von Wesentlichem und weniger Wichtigem hilft.

Kürze und Prägnanz: Bezieht sich auf den sprachlichen Aufwand im Verhältnis zum Informationsziel: kurz, auf das Wesentliche beschränkt, knapp, jedes Wort ist notwendig.

Zusätzliche Stimulans: Lässt sich über Visualisierung, rhetorische Fragen, humorvolle Formulierungen und Reizwörter erreichen. Es sind Maßnahmen gemeint, die die Zuhörer anregen und ihre Aufmerksamkeit sichern sollen. Die Stimulans entspricht den Kriterien: anregend, interessant, abwechslungsreich, persönlich.

Empfangsorientierung: Diese Dimension ist mit der Dimension „Einfachheit" eng verwandt und meint, dass eine Führungskraft sich auf die Sprache der Mitarbeiter und damit auf deren Denkgewohnheiten bei der Vermittlung von Informationen einstellt. Ist die Zielgruppe wenig geübt in der Verwendung von Anglizismen, so vermeidet die Führungskraft diese Begriffe oder erläutert diese. Dabei wird auf Glaubwürdigkeit und Authentizität geachtet.

Selbstmanagement

Delegieren und persönliches Zeitmanagement gehören zum Selbstmanagement. Beim Delegieren wird lediglich die „Ausführungsverantwortung", nicht die „Führungsverantwortung" delegiert, denn keine Führungskraft kann sich der Gesamtverantwortung entziehen.

Um als Führungskraft erfolgreich zu sein, werden beim Zeitmanagement die in der Position wichtigsten Aufgaben herausgefiltert. Als Führungskraft konzentriert man seine Anstrengungen zuerst darauf. Es ist ein täglich wiederkehrender Prozess, zu entscheiden, was Vorrang hat.

Was heißt Delegieren?

Wörtlich bedeutet Delegieren, Aufgaben zu „übertragen". Die Führungskraft konzentriert ihre Energie auf die wesentlichen A-Aufgaben und verlagert andere Aufgaben von oben nach unten. Sie überträgt bestimmte Arbeitsvorgänge, die damit verbundene Verantwortung und die notwendigen Befugnisse, Entscheidungen zu treffen, auf die Ebene des Mitarbeiters.

Unter Befugnisse ist zu verstehen, welche Entscheidungen der Mitarbeiter im Rahmen der delegierten Aufgabe alleine treffen soll und darf, und welche er mit der Führungskraft als Auftraggeber abstimmen muss. Diesem Punkt wird in der Praxis oft recht wenig Beachtung geschenkt und gerade deshalb kommt es immer wieder zu unnötigen Diskussionen zwischen Führungskraft und Mitarbeiter in der Ausführungsphase.

> **Die drei Elemente Aufgabe – Verantwortung – Befugnisse stehen in einer professionellen Delegation in einem ausgeglichenen Verhältnis zueinander.**

Das Delegieren ist ein wichtiges Führungsinstrument zur Motivation der Mitarbeiter. Dieses eigenverantwortliche Arbeiten setzt bei den Mitarbeitern voraus, dass diese auch dazu fähig oder dazu befähigt werden. Liegt diese Befähigung noch nicht in ausreichendem Maße vor, so hat eine Führungskraft dafür Sorge zu tragen, dass diese entwickelt wird, sei es durch externe oder interne Unterstützung. Diese Unterstützung kann auch in Form eines Coachings durch die Führungskraft direkt erfolgen.

Das Delegieren funktioniert dann, wenn neben der Übertragung von Aufgaben und Verantwortlichkeiten die notwendigen Kompetenzen und Befugnissen übertragen werden. Leider ist dem in der Praxis nicht immer so. Gerne verfällt man hier auf das Sündenbock-Modell: Dem Mitarbeiter werden Aufgaben und Verantwortungen delegiert, jedoch keine Kompetenzen und Befugnisse. Durch dieses Vorgehen kommt der Mitarbeiter in eine schwierige Situation, einerseits werden Forderungen an ihn gestellt, die es zu erfüllen gilt, andererseits ist nicht oder unzureichend geklärt, welche Entscheidungen er in der Ausführungsphase alleine treffen darf. Diese Konstellation führt zwangsläufig zu seiner Demotivation.

Persönliches Zeitmanagement

Beim Zeitmanagement kann Ihnen ein Klassiker helfen. Der ehemalige amerikanische General und Präsident Eisenhower hat ein Prinzip entwickelt, dass sich bis heute als sehr nützlich erwiesen hat, um die täglichen Aufgaben zu bewältigen. Dieses Prinzip bezeichnet man auch als A-B-C-Analyse. Die Aufgaben werden in dieses Schema eingeordnet. Dabei handelt es sich nicht um ein starres Prinzip, sondern die Prioritäten können sich je nach Situation verändern.

A bezeichnet die wichtigen und dringenden Aufgaben. Diese A-Aufgaben haben eine hohe Priorität und sind deshalb von der Führungskraft selbst und zeitnah zu erledigen. Bei A-Aufgaben kann es sich um konzeptionelle Arbeiten, um Planungen oder um wichtige Führungsaufgaben handeln. Diese A-Aufgaben verlangen meist ein hohes Maß an Konzentration und sind oft zeitaufwändig.

B bezeichnet die wichtigen und nicht so dringenden Aufgaben. Zu beachten ist, dass diese Einordnung relativ ist. Eine

Selbstmanagement | | | 113

Aufgabe, die für Sie eine B-Aufgabe ist, und die Sie an einen Mitarbeiter delegiert haben, kann jetzt die Wertigkeit einer A-Aufgabe erhalten. B-Aufgaben werden entweder durch die Führungskraft später selbst durchgeführt und terminiert oder an einen kompetenten Mitarbeiter delegiert. C bezeichnet die weniger wichtigen, jedoch dringenden Aufgaben.

Diese Aufgaben stellen eine große Gefahr dar. Die Gefahr besteht in Form von Zeitfressern: Man kann immer wieder beobachten, dass Führungskräfte sich in Aufgaben mit Priorität C einarbeiten und dabei den Blick für die wesentlichen Aufgaben verlieren. So weit wie möglich ist es erforderlich,

> **Die Zeit, die für A-, B-, und C-Aufgaben einzuplanen ist, sollte sich an der Bedeutung, dem Wert der Aufgaben orientieren und nicht an der Menge der Aufgaben.**

C-Aufgaben an Mitarbeiter zu delegieren. Was aus Sicht der Führungskraft eine C-Aufgabe darstellt, kann in den Augen des Mitarbeiters und unter Berücksichtigung seiner Fähigkeiten den Stellenwert einer A-Aufgabe erhalten.

Wie wird delegiert?

Um eine Aufgabe vollständig zu delegieren, sind folgende Fragen zu beantworten, damit der Mitarbeiter präzise erfährt, was von ihm erwartet wird.

1. **Was soll getan werden?**

   Welche Teilaufgaben sind im Einzelnen zu erledigen?
   Welches Ereignis wird angestrebt (Soll bzw. Ziel)

2. Wer soll es tun?

Wer ist am ehesten geeignet, diese Aufgaben oder Tätigkeiten auszuführen?

Wer soll bei der Ausführung mitwirken?

3. Wie soll er es tun (Umfang, Details)?

Wie soll bei der Durchführung vorgegangen werden?

Welche Verfahren werden angewandt?

Welche Stellen und Abteilungen sind zu informieren?

Welche Kosten dürfen entstehen?

4. Mit welchen Arbeits- oder Hilfsmitteln soll es gemacht werden?

Welche Unterstützung wird benötigt? Durch wen?

Welche Hintergrundinformationen benötigt der Mitarbeiter?

5. Wann soll es erledigt sein (Zwischen-/Endtermine)?

Wann soll/muss mit der Arbeit begonnen werden?

6. Wie hoch wird der Aufwand für diese Aufgabe vermutlich sein?

Wie soll über den Arbeitsfortschritt informiert werden?

Wie und wann findet das Controlling statt?

Welche Aufgaben können delegiert werden – welche nicht?

Aufgaben, die zu delegieren sind, sind auf jeden Fall alle Formen von Routine-, Detail- und Spezialistenaufgaben.

Aufgaben, die nicht zu delegieren sind, sind alle Aufgaben, die in irgendeiner Form mit Führung zu tun haben:

- Auswahl, die Beurteilung und die Auswahl von Fördermaßnahmen für Mitarbeiter.
- Ziele des Verantwortungsbereiches festlegen, Ziele vereinbaren und kontrollieren.
- Delegation von Aufgaben im Rahmen des Verantwortungsbereichs.
- Koordination der Ressourcen im Verantwortungsbereich.
- Information über Unternehmensbelange und Belange des Verantwortungsbereichs.
- Motivation von Mitarbeitern und alle damit zusammenhängenden Aktivitäten.

Voraussetzungen für erfolgreiches Delegieren

Als erstes ist hier eine positive Einstellung zum Delegieren zu nennen. Schaffen Sie ein Klima, welches die Delegation von Aufgaben an die richtigen Mitarbeiter fördert, z. B. indem Führungskräfte, die delegieren, in der jährlichen Beurteilung positiv eingeschätzt werden. Achten Sie darauf, dass die Ziel- und Aufgabenbereiche, die Kompetenzen und Befugnisse als auch die Verantwortungsübernahme eindeutig geklärt sind. Vereinbaren Sie mit dem Mitarbeiter klar und eindeutig, wann diese Sie über was, in welchem Umfang zu informieren haben. Dies wird als eine Bring-Schuld vereinbart.

Was weiterhin beim Delegieren zu beachten ist:

- Sie prüfen die Anforderungen, die die Aufgabe mit sich bringt.
- Sie haben einen Überblick über das Qualifikationsniveau Ihrer Mitarbeiter.
- Sie bestimmen das Ausmaß der Delegation.
- Sie sind verantwortlich für die Kontrolle des Mitarbeiters.
- Sie sind verantwortlich für die Formulierung von Zwischenzielen; dies kann in wechselseitiger Absprache mit den Mitarbeitern oder durch Zielvorgabe geschehen.

Auffallend ist immer wieder, dass Führungskräfte zwar den Anspruch haben zu delegieren, jedoch im Laufe der Zeit den Überblick verlieren, welche Aufgaben delegiert wurden. Hier kann ein einfaches Hilfsmittel gute Dienste leisten. Ein solches Hilfsmittel kann zum Beispiel folgende Liste sein.

Aufgaben: Was ist zu tun?

Verantwortlicher: An wen delegiert?

Termin: Bis wann erledigt?

Coaching

Beim Begriff „Coaching" kann man davon ausgehen, dass Führungskräfte darunter nicht dasselbe verstehen. In diesem Buch wird Coaching als ein teilstrukturierter Prozess betrachtet, mit dem Ziel, die Mitarbeiter zu befähigen, anspruchsvollere Aufgaben zu bewältigen. Ziel aller Maßnahmen während des Coachings ist es, die Eigenverantwortung und Selbstständigkeit der Mitarbeiter zu fördern, sie in ihrer Entscheidungsfindung zu unterstützen und als Spiegel ihres Handelns zu fungieren. Dabei hat das Coaching einen definierten Anfang und ein definiertes Ende.

Coaching lässt sich durch folgende Charakteristika definieren:

- Durch Coaching entsteht eine Entwicklung in der Person.
- Coaching hat als Ziel, die Leistung eines Mitarbeiters zu verbessern und das Verhalten des Mitarbeiters weiterzuentwickeln.
- Coaching ist ein Prozess zwischen Vorgesetztem und Mitarbeiter.
- Meist geht vom Vorgesetzten die Initiative aus.
- Coaching hat das Ziel, „Hilfe zur Selbsthilfe" zu geben.
- Coaching beinhaltet somit alle Maßnahmen, die den Mitarbeiter darin unterstützen sich weiterzuentwickeln.

In der Rolle des Coaches ist die Führungskraft sowohl als Trainer als auch Berater und Förderer tätig. Wie ein Trainer im Sport geht die Führungskraft im Coaching gezielt vor und entwickelt gemeinsam mit dem Mitarbeiter einen Trainingsplan. Als Förderer nimmt er eine empathische und unterstützende Haltung ein, während er als Berater durch Feedback auch konfrontieren kann.

Die drei Begriffe Kongruenz, Empathie (einfühlsames Verstehen) und Akzeptanz beschreiben die Grundhaltung, die eine Führungskraft einnimmt, wenn sie als Coach tätig ist. Aufbauend auf diesen Grundhaltungen benötigt der Coach als weitere Führungsinstrumente

- das Führen mit Zielen,
- die Zeitplanung und
- die Techniken der Gesprächsführung; insbesondere die Fragetechniken.

Persönliche Orientierung

Das Coaching eines Mitarbeiters orientiert sich an der Persönlichkeit des Mitarbeiters. Meist wird dabei ein Plan gemeinsam mit dem Mitarbeiter entwickelt und abgestimmt.

In der Praxis hat sich auch ein verdecktes Coaching des Mitarbeiters bewährt. Das verdeckte Coaching wird durch folgendes Modell verdeutlicht:

1. Schritt: Der Mitarbeiter hat innerhalb seines Arbeitsbereiches ein Problem und bittet seinen Vorgesetzten um Unterstützung. Diese wird ihm durch die Führungskraft gegeben, indem diese das Problem für den Mitarbeiter löst und auch umsetzt. Dieser Weg geht schnell und ist für den Mitarbeiter sehr bequem. Auf Dauer würde man sich durch ein solches Vorgehen als Führungskraft überlastet fühlen.

2. Schritt: Der Mitarbeiter hat innerhalb seines Arbeitsbereiches ein Problem und bittet seinen Vorgesetzten um Unterstützung. Diese wird ihm durch die Führungskraft gegeben, indem dieser dem Mitarbeiter die Lösung des Problems nennt. Dieser Weg geht schnell und ist für den Mitarbeiter bequem. Der Mitarbeiter überträgt die Verantwortung für die Problemlösung an die Führungskraft. Würde die Führungskraft auf Dauer so handeln, hätte der „Zeitfresser" ein weiteres Match gewonnen.

3. Schritt: Der Mitarbeiter hat ein Problem. Mit Hilfe der Techniken aus der Gesprächsführung erarbeitet die Führungskraft gemeinsam mit dem Mitarbeiter einen Lösungsweg. Dieses Vorgehen stellt für die Führungskraft und den Mitarbeiter eine Zeitinvestition dar, da dieses Vorgehen Zeit beansprucht. Für den Mitarbeiter ist dieser Weg nicht bequem. Die Problemlösungskompetenz des Mitarbeiters wird erhöht. Die Mitverantwortung des Mitarbeiters bei der Problemlösung wird gestärkt.

4. Schritt: Die Spielregeln zwischen Mitarbeiter und Führungskraft werden verändert. Der Mitarbeiter darf nur mit einem Anliegen zur Führungskraft kommen, wenn er mindestens eine Lösungsidee präsentieren kann. Diese Lösungsidee muss strukturiert aufbereitet sein, zum Beispiel nach einem einfachen Schema: Lösungsidee – Vorteile – Nachteile – Kosten – Aufwand. Diese Lösungsidee wird dann erörtert, um miteinander eine Entscheidung zu treffen. Durch diesen letzten Schritt im Coaching wird sowohl die Selbstverantwortung als auch die Problemlösungskompetenz des Mitarbeiters gestärkt.

Strategische Orientierung im Coaching

Neben einer persönlichen Orientierung mit Schwerpunkt auf der Entwicklung des Mitarbeiters hat das Coaching auch eine strategische Orientierung, da nicht alle Leistungsverbesserungen, die bei einem Mitarbeiter denkbar wären, aus Sicht des Unternehmens anzustreben sind. Neben der Perspektive einer individuellen Unterstützung werden in den Vorüberlegungen der Führungskraft berücksichtigt, welche Engpässe im Verantwortungsbereich liegen und welche Entwicklungen bei den Mitarbeitern in Gang gesetzt werden müssen, um die Herausforderungen der Zukunft meistern zu können, damit eine effiziente Gesamtleistung des Bereiches gewährleistet ist.

Wesentliche Erfolgsfaktoren beim Coaching

Atomisierung: Leistungsziele und Änderungen im Verhalten werden oft deshalb nicht realisiert, weil die geplanten Veränderungsschritte viel zu groß dimensioniert werden. Coaching orientiert sich deshalb an kleinen und machbaren Veränderungen, die im Gesamtkontext der persönlichen Weiterentwicklung sinnvoll sind. So wie im Sport Bewegungsstudien gemacht werden, um herauszufinden, wie es zu erklären ist, dass ein Sportler bei gleichem Leistungsstand einmal die Latte bei 2,30 Meter reißt und ein anderes Mal diese Latte überspringt, so fragt sich der Vorgesetzte, wie es kommt, dass ein Mitarbeiter bei Präsentationen einmal erfolgreich ist und ein anderes Mal Misserfolg hat. Dieser Mitarbeiter wird an ganz bestimmten und wiederkehrenden Punkten einen Fehler machen und somit den Misserfolg selbst herbeiführen. Hier gilt es mit dem Mitarbeiter die Ursachen zu erforschen und zu analysieren, um dann im nächsten Schritt kleine Schritte hin zu einem anderen Verhalten zu definieren. Kleine, erreichbare Veränderungen sind für einen Mitarbeiter motivierender, wie ein großer Schritt, den er nicht erreicht.

Einbezug psychologischer Faktoren: Zur Verdeutlichung wird hier wieder ein Vergleich mit dem Sport herangezogen. Neben dem physiologischen Leistungsstand des Sportlers spielt auch dessen individuelle und mentale Selbsteinschätzung eine entscheidende Rolle. Der Vorgesetzte muss abschätzen können, welche Anteile in der Abweichung auf psychologische oder mentale Prozesse zurückzuführen sind. Dabei spielt die Einstellung des Mitarbeiters gegenüber dem Veränderungsprozess eine große Rolle. Die Haltung des Mitarbeiters beeinflusst Erfolg oder Misserfolg. Ein Coaching ist dann mit einer hohen Wahrscheinlichkeit erfolgreich, wenn der Mitarbeiter an sich glaubt.

Aus der Psychologie ist der Zusammenhang zwischen Erfolg und positiver Haltung gegenüber einer Herausforderung und Misserfolg und entsprechender negativer Haltung seit langem bekannt. Neben dieser positiven Haltung des Mitarbeiters zur Zielerreichung ist ein weiterer Erfolgsfaktor, dass die Führungskraft an die Fähigkeiten des Mitarbeiters glaubt. Diese Zuversicht überträgt sich auf den Mitarbeiter.

Orientierung auf die Lösung: Probleme können auch manchmal deshalb bestehen bleiben, weil sich die Beteiligten darauf fixieren, zum Beispiel durch eine sehr detaillierte Ursachenanalyse. Der Blick beim Coaching wird auf mögliche Lösungen gelenkt.

Wichtige Faktoren, die den Coaching-Prozess beeinflussen

Da es beim Coaching auch um Änderungen im Verhalten und die Entwicklung von neuem Verhalten gehen kann, besteht im Verlauf des Coachings die Gefahr von Widerstand, d. h. einer Gegenreaktion von Seiten des Mitarbeiters. Dieser Widerstand ist vor allem dann gegeben, wenn das alte Verhalten als „Unzulänglichkeit" thematisiert wird. Der Umgang mit diesen Gegenreaktionen hat zwei Komponenten.

Einmal geht es darum, dass der Vorgesetzte diese Gegenreaktionen bemerkt, auch wenn sie nur zurückhaltend oder verdeckt ablaufen. Zum anderen geht es darum, dass die Führungskraft dann gezielt die Techniken aus der Gesprächsführung einsetzt, um diese Widerstände anzusprechen und mit dem Mitarbeiter nach umsetzbaren Alternativen zu suchen. Insbesondere ein großes Repertoire an Fragetechniken ist hier hilfreich.

Mögliche Verhaltensweisen der Führungskraft, Gegenreaktionen auf Seiten des Mitarbeiters zu provozieren sind:

- dem Gegenüber seine Wirklichkeit als die richtige Sicht vorzustellen (die Tendenz vieler Menschen ist es, andere davon zu überzeugen, dass sie schon wissen, wie die Welt funktioniert und warum es dieses oder jenes Problem gibt),
- Ratschläge zu geben (insbesondere unerwünschte),
- übermäßig viel Kontrolle ausüben (was ja eigentlich der Führungskontext des Vorgesetzten bereits beinhaltet),
- bewerten und abwerten (diese Form der Kommunikation vergiftet die Situation).

Will man Gegenreaktionen vermeiden oder reduzieren, so sind folgende Kommunikationsmuster hilfreich:

- die hypothetischen Fragen („angenommen ..."),
- die Metakommunikation („Haben Sie auch den Eindruck, dass wir uns gerade im Gespräch im Kreis drehen und nicht wirklich weiterkommen?"),
- die Selbstoffenbarung („Möchten Sie hören, wie ich diese Situation erlebe?").

Immer wieder wird versucht, den Mitarbeiter durch Appelle und Ratschläge zu einem bestimmten Verhalten zu motivieren. Vergleichbar ist dieses Vorgehen mit einer Situation, in der man jemandem die Tür zustellt, durch die er gehen soll. Erst wenn man den Weg freigibt, also ablässt von Appellen und Ratschlägen, kann die andere Person die gewünschte Richtung einschlagen. Legt z. B. ein Mitarbeiter bezüglich einer Veränderung eine pessimistische Haltung an den Tag, so wird der Vorgesetzte beträchtlichen Widerstand wecken, wenn er jetzt versucht, Optimismus zu versprühen. Obwohl eine positive Absicht hinter solchen Bemühungen steckt, läuft man Gefahr, die pessimistische Einstellung des Mitarbeiters zu verstärken. Dies hemmt die Kooperation des Mitarbeiters und hält den Erfolg der Veränderung auf. Erst wenn der Mitarbeiter aufhört, sich gegen die optimistischen Bemühungen des Vorgesetzten zu stemmen, kann er anfangen, in die gewünschte Richtung zu gehen.

Hilfreich und wichtig ist es in einem solchen Falle, in einem ersten Schritt die Sichtweise und Erklärungen des Mitarbeiters zu akzeptieren, um dann im nächsten Schritt durch geschickte Fragestellungen und Umdeutungen zu versuchen, neue Möglichkeiten und Optionen beim Mitarbeiter entstehen zu lassen. Durch ein solches Vorgehen wird der Mitarbeiter zu einer optimistischen Haltung geführt.

Wenn der Mitarbeiter trotz Unzufriedenheit und aller Bemühungen ein unerwünschtes Verhalten aufrechterhält, so ist die Frage zu stellen, wie dies ihm immer wieder gelingt. Wenn man Vorgesetzte jetzt fragt, was sie schon alles getan haben, um eine bestimmte Veränderung herbeizuführen, so können diese sehr viele Vorgehensweisen und Aktivitäten nennen. Offensichtlich muss an diesen

Lösungsversuchen etwas falsch sein, wenn diese noch keinen Erfolg zeigen.

Geeignete Maßnahmen und Lösungswege im Coaching-Prozess

Die hypothetische Frage

Diese Fragetechnik lenkt das Interesse und das Denken auf Lösungen. Der Gesprächspartner wird angeleitet, sich Lösungen vorzustellen und diese zu visualisieren. Der Fokus wird auf die Lösbarkeit gerichtet und die Visualisierung einer Lösung erhöht die Wahrscheinlichkeit ihres Eintretens. Lösungsorientierte hypothetische Fragen bestehen aus drei Teilen:

1. Einleitung (angenommen; gesetzt den Fall; was wäre, wenn)

2. Zielbeschreibung (wäre gelöst; wir hätten Übereinstimmung)

3. Konsequenz (Was hätte sich geändert? Was würde was anders machen? Was wäre passiert?).

Durch diese Fragetechniken lassen sich Ausnahmen zur Ist-Situation entwickeln. Diese Ausnahmen können helfen, sich einer Lösung anzunähern.

- „Angenommen, das Problem wäre gelöst, wie hätten Sie sich wahrscheinlich verhalten?"
- „Angenommen, das Problem wäre gelöst, wie hätten die Anderen sich verhalten?"

- „Angenommen, das Problem wäre gelöst, wer hätte was unternommen?"
- „Angenommen, das Problem wäre gelöst, was wäre anders?"

Die Konkretisierungsfragen

In der Regel reden Menschen sehr allgemein, d. h., Probleme werden auch deshalb nicht gelöst, weil die Unterschiede zur Problemlösung nicht konkret auf eine Handlungsebene gebracht werden, sondern eher in einem sehr allgemeinen Zustand bleiben, z. B. „Der Mitarbeiter, Herr Meier, ist nicht kooperativ".

Die Konkretisierungsfragen helfen, die zugeschriebenen Verhaltensweisen, Ereignisse und Vorstellungen auf eine konkret umsetzbare Handlungsebene zu bringen. Konkretisierungsfragen sind:

- Wie zeigt sich das Verhalten?
- Was tut der andere genau?
- Woran merken Sie das?
- Was tun Sie, wenn …?
- Ab wann sagen Sie, jemand ist …?

Die klärenden Fragen

Diese Fragen haben zum Ziel, Sichtweisen, Zusammenhänge und Hintergründe zu verstehen und das Zustandekommen von Ereignissen sichtbar zu machen oder Interes-

sen und Beziehungsmuster zu erkennen. Klärende Fragen
sind:

- Wann tritt das Problem auf?
- Wann tritt es nicht auf?
- Welche Wirkungen und Effekte haben Sie beobachtet?
- Wie erklären Sie sich das?
- Wo würden Sie Ihren eigenen Anteil sehen?
- Wie stehen Sie zu dem oder den anderen?

Die Ausnahme

Eine wichtige Quelle für mögliche Lösungen im Coaching-
Prozess sind Ausnahmen, d. h., man geht von der Annahme
aus, dass das gewünschte Verhalten irgendwann bereits
gezeigt wurde. Irgendwann hatte der Mitarbeiter im Ver-
kauf einen Abschluss erfolgreich getätigt oder irgendwann
hatte er eine Präsentation erfolgreich durchgeführt. Wichtig ist dabei zu erfragen, wie es dem Mitarbeiter gelang,
diese Ausnahme herbeizuführen. Es gilt herauszufinden,
was jetzt zu tun ist, um diesen Erfolg wieder herbeizuführen. Dabei sind folgende Fragen hilfreich:

- Wann ist das Problem aufgetreten?
- Wann nicht?
- Wo ist es aufgetreten?
- Wo nicht?
- Wie unterscheidet sich nun das Auftreten der Problem-
  situation von der, wo das Problem nicht auftritt?

- Was machen Sie konkret anders, welche Wirkung und welchen Effekt hat das?
- Welchen Gegeneffekt hat das?

Es wird deutlich, dass bei jedem Problem gezielte Fragen zur Klärung eines Ereignisses helfen können, aus diffusen und groben Beschreibungen greifbare und handhabbare Hinweise abzuleiten, die die Lösung des Problems unterstützen können.

Ablauf eines Coaching-Prozesses

Im Folgenden wird der Ablauf eines Coaching-Prozesses in Form von Fragen vorgestellt. Diese Fragen werden in den einzelnen Phasen eines Coachings gestellt und miteinander diskutiert. Natürlich werden nicht alle aufgeführten Fragen gestellt. Hierbei handelt es sich um Anregungen, um sich den Ablauf eines Coachings vorstellen zu können.

Das Coaching eines Mitarbeiters kann sich über wenige Wochen bis hin zu mehreren Monaten erstrecken.

Die Phasen 1 bis 3 des Coaching-Prozesses werden meist bereits im ersten Gespräch bearbeitet. Um diese ersten Ideen zu überdenken ist es sinnvoll, die Phase 4 und 5 in einem nächsten Gespräch zu klären. Die Phase 6 beschreibt die Umsetzung. Die hier aufgeführten Fragen werden dabei laufend bearbeitet. Die Phase 7 dient der persönlichen Reflexion des Coaches.

1. Ziel- und Beziehungsklärung

Ziel dieser Phase ist zu klären, ob ein Coaching durchgeführt wird. Sollte ein Coaching vereinbart werden, dann sind die Rollen zu definieren und die Erwartungen zu klären. In dieser Phase wird der Rahmen, in dem das Coaching stattfinden soll, abgeklärt. Dazu gehört auch, Spielregeln zu vereinbaren. Folgende Fragen sind in dieser Phase zu klären:

- „Was ist das Ziel des Coachings?"
- „Welche Erwartungen bestehen?"
- „Was bringt das Ganze für Mitarbeiter, Führungskraft und Unternehmen?"
- „Welche Ängste/Befürchtungen sind vorhanden?"
- „Was passiert, wenn der Mitarbeiter einen Fehler macht?"

2. Ist-Analyse

Gemeinsam mit dem Mitarbeiter wird ein Problem analysiert. Eventuelle „Hürden", die den Mitarbeiter derzeit in seiner Veränderung behindern könnten, werden aufgezeigt und definiert. Die hier aufgeführten Fragten können in dieser Phase der Analyse hilfreich sein:

- „Was denken Sie dazu?"
- „Was sagen Sie dazu?"
- „Welche Gedanken oder Ideen tauchen dabei auf?"
- „Welche Gefühle haben Sie zu dieser Sache?"

- „Welche Vorstellungen verbinden Sie damit?"
- „Was bedeutet das für Sie konkret?"
- „Welche Auswirkungen hat dieses Verhalten auf das Umfeld?"
- „In welchen Situationen (Kontext) tritt dieses Verhalten auf?"
- „Wer hat Vorteile dadurch, dass dieses Problem existiert?"
- „Welchen Nutzen ziehen Sie persönlich aus dem Vorhandensein dieses Problems?"
- „Welche positiven Nebenwirkungen des Problems sollen auf jeden Fall erhalten bleiben?"
- „Was ist das Positive am Jetzt-Zustand?"

3. Soll-Fantasie

In dieser Phase wird ein konkretes Ziel definiert und erste Schritte zur Erreichung werden angedacht. Das Kraftfeld wird betrachtet, da jede Veränderung auch negative Reaktionen, zum Beispiel aus dem Umfeld, hervorrufen kann. Folgende Fragen werden in dieser Phase beantwortet:

- „Was könnte für Sie ein erstrebenswertes Ziel sein?"
- „Wie viel?"
- „Bis wann?"
- „Woran würden Sie merken, dass Sie das Ziel erreicht haben?"
- „Woran merken es die Anderen?"

Coaching | 131

- „Was glauben Sie, würden die Kollegen dazu sagen?"
- „Was wäre nach der Zielerreichung anders?"
- „Was ist der Unterschied?"
- „Welche Vorteile hätten Sie, das Unternehmen, die Führungskraft von dieser Veränderung?"
- „Was könnte der erste Schritt zur Erreichung des Gesamtzieles sein?"
- „Welche Qualität und Quantität hat dieses Teilziel?"
- „Woran werden Sie merken, dass Sie dieses Teilziel erreicht haben?"
- „Wie werden Sie sich nach der Zielerreichung belohnen?"
- „Wer könnte nicht damit einverstanden sein?"
- „Welcher „Preis" ist zu zahlen?"
- „Sind Sie bereit, diesen Preis zu zahlen?"
- „Welche Vorteile in der Ist-Situation müssten Sie aufgeben?"

4. Planung

In dieser Phase werden die Ideen der vorangegangenen Phase konkretisiert. Ziel ist es, dass Mitarbeiter und Führungskraft klare Vorstellungen haben, welche Schritte im Coaching erfolgen, wann diese erfolgen und wie diese in Handlung umgesetzt werden. Ein Maßnahmenplan wird erarbeitet. Die aufgeführten Fragen unterstützen die Führungskraft im Coaching:

- „Wie sehen jetzt die einzelnen Schritte zur Zielereichung aus?"
- „Welche Maßnahmen sind wann zu ergreifen?"
- „Wie hoch schätzen Sie den Aufwand für die einzelnen Maßnahmen ein?"
- „Welche Möglichkeiten könnten Sie sich noch vorstellen, dieses Ziel zu erreichen?"
- „Was sollten Sie nach Möglichkeit nicht machen?"
- „Angenommen, Sie würden so vorgehen, was könnte alles passieren?"
- „Welche Vorteile sehen Sie in dieser Vorgehensweise – welche Nachteile?"
- „Was könnte der Zielerreichung noch im Weg stehen?"
- „Welche Hilfe(n) könnten Sie dabei in Anspruch nehmen?"
- „Welche Kontrollen und Absicherungen könnten Sie durchführen?"

5. Absicherung und Unterstützung

Der Mitarbeiter und die Führungskraft haben eindeutige Vorstellungen über den Ablauf des Coachings entwickelt. Diese Phase dient zur Absicherung des Erfolgs des Coachings. Hierzu werden folgende Fragen beantwortet:

- „Welche Kontrollen führen wir gemeinsam durch?"
- „Was müssen wir alles genau festlegen? Zeitpunkt, Ort, Dauer, Häufigkeit?"

- „Wie gehen wir mit Umsetzungsschwierigkeiten und Misserfolgen um?"
- „Wer übernimmt bei Umsetzung des Maßnahmenplanes welche Verantwortung?"
- „Welche Spielregeln wollen wir bei der Umsetzung beachten?"

6. Umsetzung

In dieser Phase geht es darum, den Mitarbeiter während der Umsetzung der geplanten Maßnahmen zu unterstützen und zu begleiten. Zu Beginn eines Coachings finden diese Treffen häufiger, wöchentlich oder zweiwöchentlich statt. Diese Frequenz ist von Bedeutung, da gerade zu Beginn der Umsetzung unerwartete Probleme und Schwierigkeiten auftauchen können. In dieser Phase werden folgende Fragen gestellt:

- „Wo stehen Sie im Rahmen unserer vereinbarten Maßnahmen?"
- „Wie kam es zum Erfolg oder Misserfolg?"
- „Was waren die Erfolgsfaktoren?"
- „Was waren die Misserfolgsfaktoren?"
- „Was alles hatte Anteil am Erfolg oder Misserfolg?"
- „Was war Ihr persönlicher Anteil?"
- „Welche Hürden sind aufgetaucht?"
- „Welche Ressourcen haben gefehlt oder waren nicht ausreichend?"

- „Was können Sie korrigieren, was nicht?"
- „Was ist für die Zukunft vermeidbar, was nicht?"
- „Welche Hilfen benötigen Sie?"
- „Was könnten Sie tun, um in Zukunft noch erfolgreicher zu sein?"
- „Was könnte ich tun, um Sie weiter zu unterstützen?"

7. Nachbereitung eines Coaching-Gesprächs

Der Coach reflektiert den Gesprächsprozess und stellt sich dafür folgende Fragen:

- „Wie habe ich mich im Gespräch verhalten?"
- „Habe ich dem Partner Wertschätzung entgegengebracht?"
- „Habe ich seine Bedürfnisse beachtet?"
- „War ich konsequent im Nachfragen?"
- „Habe ich zum Nachdenken angeregt?"
- „Ist es mir gelungen, Missverständnisse zu klären?"
- „War ich offen für Kritik?"
- „Gab es bei bestimmten Themen unterschiedliche Sichtweisen?"
- „Gab es Momente, in denen es meinem Gesprächspartner schwer fiel, eine Meinung auszudrücken oder Informationen mitzuteilen?"
- „Habe ich mein Gesprächsziel erreicht?"
- „Wie ist es mir mit dem Aushalten von Pausen ergangen?"

- „Welchen Eindruck habe ich von ihm oder ihr?"
- „Welchen Eindruck hat er oder sie vermutlich von mir?"

Gemeinsam mit dem Mitarbeiter findet am Ende des gesamten Prozesses eine Reflexion statt. Hierzu werden folgende Fragen diskutiert:

- „Was ist gelungen?"
- „Was ist weniger gelungen?"
- „Was würden wir jetzt anders machen?"
- „Worin hat mich das Coaching unterstützt?"
- „Wo war das Coaching eher behindernd?"

Unterstützungsmaßnahmen im Coaching

Neben den Techniken aus der Gesprächsführung benützt eine Führungskraft in der Rolle als Coach auch folgende Techniken:

Proben

Will der Mitarbeiter seine Fähigkeiten und Fertigkeiten in Präsentationen verbessern, so kann der Mitarbeiter diese Präsentation vor der Führungskraft halten. Hierzu erhält er Feedback. Die Präsentation wird so lange geprobt und verfeinert, bis das Ziel erreicht ist. Dies kann an mehreren Terminen stattfinden.

Visualisieren

Möchte der Mitarbeiter sein Auftreten bei Kunden verbessern, so wird jede Szene mit dem Mitarbeiter vorher geübt. Kurz vor dem eigentlichen Kundenkontakt geht die Führungskraft die einzelnen Schritte mit dem Mitarbeiter noch einmal durch, damit der Mitarbeiter konzentriert und positiv eingestimmt die Szene betritt.

Rollenspiel

Wie oben bereits angedeutet, werden Situationen im Rollenspiel geübt. Diese Form des Trainings ist ein ausgezeichnetes Instrument, da man sehr schnell in die einzelnen Rollen findet. Der Mitarbeiter erhält nach jedem Durchgang ein differenziertes Feedback. Dieses Feedback bezieht sich darauf, wie die Führungskraft die Situation erlebt und wie er sich darin gefühlt hat. Ziel ist es im ersten Schritt des Feedbacks nicht, den Mitarbeiter zu korrigieren.

Lernen am Modell

Im Rahmen eines Rollenspiels stellt die Führungskraft dem Mitarbeiter das Modell eines Verkaufsgesprächs vor. Die Führungskraft übernimmt dabei die Rolle des Verkäufers, der Mitarbeiter die Rolle des Kunden. Ziel ist es, dass der Mitarbeiter durch dieses Modell erkennt, welche Fertigkeiten er zu entwickeln hat. Im nächsten Schritt wird dem Mitarbeiter etwas Zeit gegeben, diese Fertigkeiten gedanklich in sein Verhaltensrepertoire zu integrieren und mit seinem persönlichen Stil zu verbinden. In weiteren Rollenspielen wird dieses Verhalten dann eingeübt.

Job-Cycle-Check

Ein mit dem Mitarbeiter definierter Arbeitsprozess wird durch die Führungskraft beobachtet. Das kann ein Verkaufsgespräch sein oder eine Präsentation vor einem Projektteam. Nach vorher gemeinsam definierten Kriterien wird das Verhalten des Mitarbeiters beobachtet und eingeordnet. In dem anschließenden Feedback-Gespräch werden diese Beobachtungen dem Mitarbeiter detailliert mitgeteilt und diskutiert. Dieses Feedback dient dann im nächsten Coaching-Gespräch als Grundlage, Alternativen zu entwickeln.

Feedback

Ein Feedback wird nach den Regeln der Ich-Botschaften gegeben. Streng achtet dabei die Führungskraft darauf, dass das Feedback sich auf beobachtbares Verhalten bezieht. Das Feedback kann auch in Form von Fragen stattfinden. Hierfür eignen sich die hypothetischen Fragen: „Was vermuten Sie, wie könnte dieses Verhalten auf den Kunden gewirkt haben?"

Kontrollieren

Eng verbunden mit dem Führungsinstrument des Delegierens ist das Führungsinstrument der Kontrolle. Kontrollieren ist hier jedoch nicht im Sinne von „auf die Finger schauen" gemeint, sondern im Sinne von „Controlling", um den Mitarbeiter zu steuern und zu lenken.

Kontrolle als Führungsinstrument bedeutet den Mitarbeiter bei der Erledigung von klar definierten Aufgaben und Zielen zu überprüfen und zu unterstützen. Kontrolle ist die Chance zur Korrektur und Bestätigung von Handlung und dient dem Mitarbeiter als Hilfe. In diesem Sinne ist Kontrolle motivierend.

Notwendig ist, dies dem Mitarbeiter bewusst zu machen und ihm den Nutzen von Kontrolle aufzuzeigen. Der Nutzen ist, dass Kontrolle dazu dient, dem Mitarbeiter zu helfen, noch erfolgreicher zu sein und nicht den Zweck verfolgt, ihm seine Fehler aufzuzeigen. In der Art und Weise wie Kontrolle betrachtet wird, spiegelt sich die Haltung einer Führungskraft wider. Kontrolliert eine Führungskraft aus der Haltung heraus Fehler aufzuzeigen, so wirkt diese Kontrolle wie eine Sanktion. Kontrolliert die Führungskraft mit der Absicht zu helfen und zu unterstützen, so entfacht die Kontrolle eine motivierende Wirkung.

Im Arbeitsalltag ist Kontrolle ein sensibles Thema.

Was beachtet der Vorgesetzte bei seinen Kontrollaufgaben?

Zur wirksamen Kontrollarbeit gehören drei Schritte:

1. Feststellen, wie zum Beispiel ein Mitarbeiter seine Aufgaben verrichtet und wie er einen Arbeitsprozess gestaltet.

2. Gemeinsame Ursachenanalyse bei Soll-Abweichungen durchführen.

3. Ideen und Alternativen entwickeln, konkrete Maßnahmen vereinbaren.

Jeder Mitarbeiter reagiert unterschiedlich auf Kontrolle und es können verschiedene Abwehrreaktionen auftreten. Jeder Mensch hat schon mit negativen Erfahrungen bei Kontrolle zu tun gehabt, und so ist es zunächst völlig normal, dass mit Kontrolle immer auch Unsicherheit und Ängste verbunden sind. Deshalb kalkulieren Sie beim Kontrollieren Schutzreaktionen auf Seiten der Mitarbeiter als etwas Normales ein. Umso wichtiger ist, sich in der Phase der Einführung eines regelmäßigen Controllings sensibel zu verhalten.

Wie gehen Unternehmen mit Kontrolle um?

In manchen Unternehmen wurde die Kontrolle standardisiert. So gibt es regelmäßige Audits (Untersuchungsverfahren, um Prozesse hinsichtlich der Erfüllung von Anforderungen und Richtlinien zu bewerten), um den Status der Sauberkeit oder Sicherheit in Bereichen zu erfassen. Oder in einigen Firmen wird eine regelmäßige Kontrolle durchgeführt, um mit Kollegen einen Arbeitsprozess zu analysieren. Ein Mitarbeiter führt seinem Vorgesetzen und einigen wenigen ausgewählten Kollegen einen Arbeitsprozess vor. Gemeinsam wird darüber diskutiert, welche anderen Möglichkeiten es noch gäbe, den Prozess effektiver oder einfacher zu gestalten. Hier findet über die Kontrolle eines Arbeitsablaufes gemeinsames Lernen statt. Dieses Vorgehen ist dann sinnvoll und nützlich, wenn in einem Bereich eine offene Feedbackkultur entwickelte wurde.

Beachten Sie beim Kontrollieren:
- zeitliche Abstimmung der Kontrolle, das bedeutet, dann nicht zu kontrollieren, wenn der Mitarbeiter gerade „unter Dampf" steht;
- die Kontrolle begründen, damit der Mitarbeiter den Nutzen dieser Maßnahme erkennt;
- sachlich bleiben und sich auf Beobachtbares beziehen;
- sollten Fehler festgestellt werden, Einfühlungsvermögen zeigen;
- objektiv kontrollieren und nicht immer wieder die gleichen kritischen Punkte kritisieren, sondern einen guten Mix aus positiven und noch zu verbessernden Aufgaben beschreiben;
- die Art und Weise des Controllings mit dem Mitarbeiter planen. Diese Maßnahme wird als vertrauensbildend auf Seiten des Mitarbeiters erlebt.

Sinn und Zweck des Mitarbeitergesprächs

Das Mitarbeitergespräch soll über den täglichen Kontakt hinaus die Kommunikation zwischen Führungskräften und Mitarbeitern anregen, verbessern und pflegen. Unabhängig von den täglichen Abstimmungsgesprächen besprechen Führungskraft und Mitarbeiter die allgemeine Aufgaben-, Leistungs- und Entwicklungssituation des Mitarbeiters und die daraus abzuleitenden Ziele und Maßnahmen.

Manche Führungskräfte wenden jetzt ein: „Aber ich rede doch täglich mit meinem Mitarbeiter. Weshalb ist dann noch ein Mitarbeitergespräch notwendig?" Beim jährlichen Mitarbeitergespräch geht es nicht um den Austausch von Alltäglichem, sondern um eine grundsätzliche Reflexion über Arbeitsauffassung und Arbeitsergebnisse, über die Art und Weise der Zusammenarbeit, über gegenseitige Erwartungen und deren Erfüllungsgrad. Dieses Gespräch hat eine andere Qualität, wie der tägliche Austausch zwischen Vorgesetztem und Mitarbeiter.

Das Mitarbeitergespräch ist ein wesentliches Führungsinstrument und unterstützt den Mitarbeiter in der Erfüllung seiner Arbeit und hilft ihm, sein Potenzial unter den gegebenen Rahmenbedingungen optimal zu entfalten.

Das Mitarbeitergespräch verfolgt verschiedene Ziele:

- Zielvereinbarungen mit dem Mitarbeiter zu treffen
- im Zielcontrolling steuernd und lenkend einzugreifen
- den Mitarbeiter in seiner Arbeit zu unterstützen und ihn erfolgreich zu machen

- in der Zielbeurteilung mit dem Mitarbeiter das erreichte Ergebnis zu bewerten und den Weg dorthin zu analysieren
- die Art und Weise der Zusammenarbeit zu verbessern
- im Mitarbeiterbeurteilungsgespräch mit dem Mitarbeiter eine Standortanalyse zu erarbeiten, ihm Feedback zu seiner Leistung und seinem Verhalten zu geben und dadurch den Mitarbeiter zu fördern und zu fordern

Das Führungsinstrument Mitarbeitergespräch beinhaltet die Aufforderung, sich in definierten Zeitabständen, mindestens in einjähriger Folge „zurückzulehnen" und in einem offenen, vertrauensvollen Gedankenaustausch alle Fragen der gemeinsamen Arbeit, der Leistung und der Zusammenarbeit zu erörtern.

Mitarbeitergespräche verschaffen Klarheit über

- die Aufgaben und Ziele des Mitarbeiters
- erwartete Leistungen
- die Kriterien für die Beurteilung der Ergebnisse
- die Qualität der Zusammenarbeit zwischen Mitarbeiter und Führungskraft
- förderlich oder hemmend erlebtes Führungsverhalten
- den Handlungsspielraum und die Verantwortungsübernahme des Mitarbeiters
- die Entwicklungsperspektiven
- Perspektivenunterschiede zwischen Mitarbeiter und Vorgesetztem

Vorbereitung auf das Mitarbeitergespräch

Damit sich der Mitarbeiter und die Führungskraft ausreichend auf das Gespräch vorbereiten können, ist auf Folgendes zu achten:

- Den Gesprächstermin in ausreichender Zeitspanne vorher mit dem Mitarbeiter festlegen. Ein Wochenende liegt zwischen Terminvereinbarung und Mitarbeitergespräch.
- Genügend Zeit für das Gespräch einplanen. (ca. 1,5 Stunden bei Angestellten; ca. 45 Minuten bei Arbeitern. Die Erfahrung lehrt, dass sehr gute Gespräche auch ein Vielfaches davon dauern können). Die Dauer des Gespräches ist ein Indikator für die Güte eines Gespräches. Dauern diese Gespräche sehr kurz, z.B. nur 10 Minuten, dann ist davon auszugehen, dass miteinander nur oberflächlich geredet wurde oder nur der Vorgesetzte hat seinen Standpunkt dargelegt und den Mitarbeiter in die Rolle des Zuhörers gedrängt.
- Den Mitarbeiter über den Ablauf und die Inhalte des Gesprächs informieren.
- Den Mitarbeiter auffordern, sich auf das Gespräch inhaltlich vorzubereiten.
- Als Führungskraft sich auf das Gespräch vorbereiten (Ablauf, Inhalte).
- Für das Gespräch eine störungsfreie Atmosphäre schaffen; z.B. Telefon umleiten, Besuche Dritter ausschließen usw.

144 | | | **Leistungsmanager**

Um eine gute Vorbereitung zu gewährleisten, ist es sinnvoll, als Führungskraft unterjährig Beobachtungen zum Leistungsverhalten zu erfassen, damit der Mitarbeiter ein differenziertes Feedback mit Beispielen erhält.

Folgende Fragen beantwortet sich die Führungskraft zur Vorbereitung des Gesprächs:

- Welche Ergebnisse sind konkret erzielt worden?
- Wie habe ich den Mitarbeiter wahrgenommen hinsichtlich:
- Verhalten gegenüber Kollegen?
- Zusammenarbeit?
- Leistungsverhalten?
- Welche Ziele (auf die Aufgaben bezogen, auf das Verhalten bezogen) soll der Mitarbeiter verfolgen? Woran werde ich oder das Umfeld erkennen, dass er sein Ziel erreicht hat?
- Mit welchen Maßnahmen (intern, extern) ist der Mitarbeiter zu fördern?
- Zu welchen Fragen der Führung und Zusammenarbeit möchte ich Feedback haben?

Ähnliche Fragen stellt sich der Mitarbeiter in seiner Vorbereitung:

- Welche Ergebnisse habe ich konkret erzielt?
- Welche Umstände haben das Ergebnis meiner Tätigkeit positiv – negativ beeinflusst?

Kontrollieren | | | 145

- Welche Ziele (auf die Aufgaben bezogen, auf das Verhaltens bezogen) möchte ich verfolgen? Woran werde ich, das Umfeld erkennen, dass ich das Ziel erreicht habe?
- Wo erwarte ich mehr Unterstützung, Informationen? Wie könnte die Unterstützung aussehen?
- Wie beurteile ich meine Arbeitszufriedenheit?
- Wie sehe und erlebe ich die Zusammenarbeit mit meinem Vorgesetzten?

Phasen des Mitarbeitergesprächs

Phase 1: Erwartungen und Rahmenbedingungen des Gesprächs wie Ablauf und Zeiten klären.

Phase 2: Sicht des Mitarbeiters
Wie bewertet der Mitarbeiter den Erfüllungsgrad seines Leistungsverhaltens, den Grad der Zielerreichung? Sein Kommunikationsverhalten im Team? Den Grad seiner Kundenorientierung?

Phase 3: Sicht des Vorgesetzten
Welche Sichtweise hat der Vorgesetzte hierzu? Wie nimmt der Vorgesetzte den Erfüllungsgrad wahr?

Phase 4: Folgen und Ableitungen
Welche Folgen und Ableitungen lassen sich aus der Bestandsaufnahme treffen?

Phase 5: Zielideen des Mitarbeiters
Welche Ziele möchte der Mitarbeiter verfolgen? Welche Notwendigkeiten sieht der Mitarbeiter hier?

Phase 6: Zielideen des Vorgesetzten

In welchem Zielrahmen bewegt sich der Mitarbeiter? Welche Ziele sind notwendigerweise zu verfolgen?

Phase 7: konkrete Zielvereinbarungen

Welche Ziele werden jetzt konkret vereinbart? Woran können wir erkennen, dass das Ziel erreicht wurde?

Phase 8: Zielcontrolling

Wann findet ein erstes Zielcontrolling statt? In welcher Form findet es statt?

Ablauf des Mitarbeitergesprächs

Vergessen Sie die jährliche Mitarbeiterbeurteilung, da Sie damit Ihre Mitarbeiter lediglich demotivieren! Diese These soll natürlich provozieren. Diese Provokation hat jedoch einen realen Hintergrund, denn etliche Mitarbeitergespräche werden zwar in guter Absicht geführt, haben jedoch als Ergebnis auf Seiten des Mitarbeiters Demotivation und auf Seiten der Führungskraft Resignation zur Folge.

Was sind die Beweggründe für das schlechte Image und die mäßige Qualität der jährlichen Mitarbeitergespräche?

- Die verwendeten Formulare sind zu umfassend.
- Führungskräfte benützen noch zu wenig die Methoden und Instrumente der Gesprächssteuerung.
- Das Rüstzeug zum Finden guter und eindeutiger Ziele fehlt – insbesondere wenn es sich um „weiche" und qualitative Ziele handelt.

Was können Sie tun, damit die jährlichen Mitarbeitergespräche zu einem Erfolg für das Unternehmen und jeden
Mitarbeiter werden?

Im Folgenden wird ein Modell beschrieben, das einfach
und praxisnah dazu führt, dass das jährliche Mitarbeitergespräch effizient und effektiv verläuft. In der Darstellung
wird darauf verzichtet, auf die bereits an anderer Stelle
beschriebenen Voraussetzungen für ein gutes Gespräch,
wie Vorbereitung, Begrüßungsphase und Beziehungsauf-
bau einzugehen.

1. Schritt: Die Führungskraft fordert den Mitarbeiter auf,
die Arbeitsschwerpunkte und Aufgaben zu benennen, die
er im vergangen Jahr durchgeführt hat. Diese werden in
die erste Spalte auf einem leeren Blatt Papier notiert. Durch
dieses Vorgehen erhält die Führungskraft implizit bereits
ein Feedback, ob der Mitarbeiter seine Aufgaben vollständig auflisten kann. Wenn nicht, werden fehlende Aufgaben
durch die Führungskraft ergänzt.

Zusätzlich werden in diese Liste die Verhaltensweisen aufgenommen, die zur Erfüllung der Aufgabe notwendig sind,
wie z.B. kundenorientiertes Verhalten, Engagement, Arbeits-
organisation, Arbeitsqualität, Arbeitsquantität, Kooperation
im Team, usw. Auch hier wird zuerst der Mitarbeiter befragt; welche Verhaltensweisen aus seiner Sicht für die
Erfüllung der Aufgaben und die Zusammenarbeit wichtig
sind. Verhaltensweisen, die zwar notwendig sind, jedoch

vom Mitarbeiter nicht erwähnt werden, werden ebenfalls ergänzt. So erhält die Führungskraft wertvolle Informationen über die Verhaltensweisen, die nach Ansicht des Mitarbeiters zur Erfüllung seiner Aufgaben wichtig und notwendig wären.

2. Schritt: In einer zweiten Spalte wird dann der Erfüllungsgrad der einzelnen Aufgaben und Verhaltensweisen durch den Mitarbeiter auf einer Skala von 1 bis 10 bewertet (Selbstbild). Durch die Führungskraft wird festgelegt, was dabei ein Wert von 10, 9 usw. bedeutet. Wichtig ist dabei, dass die einzelnen Positionen von oben nach unten durch den Mitarbeiter bewertet werden. Eine Diskussion ist in diesem Stadium der Mitarbeiterbeurteilung zu vermeiden. Lediglich Fragen wie „An welchem konkreten Verhalten machen Sie Ihre Bewertung fest?" oder „Geben Sie mir bitte ein Beispiel für Ihre Einschätzung?" sind zulässig. Fragen nach der Begründung für seine Bewertung sind jedoch nicht zulässig, da hier die Gefahr besteht, frühzeitig in unnütze Diskussionen, in denen Bewertungen ausgetauscht werden, abzugleiten.

3. Schritt: Jetzt schätzt die Führungskraft den Erfüllungsgrad der Aufgaben und Verhaltensweisen ein (Fremdbild). Die Führungskraft trägt jetzt auf der Skala ihre Bewertung der einzelnen Erfüllungsgrade von oben nach unten ein. Auch hier hat der Mitarbeiter lediglich das Recht, nach Beispielen oder nach konkreten Beobachtungen zu fragen, die Sie in

Ihrer Rolle als Führungskraft zu Ihrer Einschätzung führt. Eine vertiefende Diskussion findet jetzt noch nicht statt.

4. Schritt: In dieser Phase der Bewertung findet eine genaue Besprechung, insbesondere bei größeren Abweichungen der Einschätzungen, statt. Dabei ist darauf zu achten, dass das konkrete Verhalten definiert wird, welches zu der Einschätzung durch Mitarbeiter oder Führungskraft geführt hat. Ausschlaggebend in dieser Besprechung ist, dass es der Führungskraft über die Techniken der Gesprächsführung gelingt, Bewertungen zu operationalisieren. Dies geschieht durch die bereits an anderer Stelle erwähnten Fragestellungen:

„An welchem konkreten Verhalten machen Sie Ihre Bewertung fest?" „Welche konkreten Verhaltensweisen von Ihnen veranlassen Sie zu dieser Bewertung?" „Geben Sie mir bitte (Verhaltens-)Beispiele, die Sie zu dieser Bewertung veranlassen?"

Den unterschiedlichen Bewertungen der Erfüllungsgrade von erbrachten Leistungen liegen verschiedene Ursachen zu Grunde:

- Unterschiedliche Maßstäbe werden angesetzt, d. h., es bestehen bezüglich der Leistung verschiedene Maßstäbe.
- Leistungserwartungen waren nicht eindeutig definiert.
- Ziele waren nicht eindeutig genug definiert.
- Es hat kein unterjähriges Zielcontrolling stattgefunden, um Abweichungen frühzeitig erkennen zu können.

- Wahrnehmungstendenzen, wie z. B. der Recency-Effekt (kürzlich beobachtetes Verhalten wird bei der Einschätzung stärker berücksichtigt als weiter zurückliegendes Leistungsverhalten).
- Auffällige Einzelereignisse oder Einzelbeobachtungen werden überbewertet.

5. Schritt: Aus den unterschiedlichen Einschätzungen lassen sich jetzt persönliche Ziele für den Mitarbeiter ableiten. Der Mitarbeiter schätzt sich zum Beispiel beim „kundenorientierten Verhalten" mit 8 Punkten ein. Die Führungskraft sieht den Mitarbeiter bezüglich des Erfüllungsgrades bei Maximum 5 Punkten. Jetzt ist zu besprechen, was der Mitarbeiter aus Sicht der Führungskraft konkret tun muss, um eine höhere Bewertung zu erreichen. Jetzt findet eine Diskussion über den Maßstab statt. Die Führungskraft gibt in Anlehnung an die Stellenbeschreibung den Maßstab dieser Aufgabe vor. Sie handelt jetzt in der Rolle eines Vertreters der Unternehmensinteressen gegenüber dem Mitarbeiter. Konkrete persönliche Ziele und Maßnahmen werden aus der Einschätzung abgeleitet und werden danach schriftlich vereinbart.

Teammanager

Bei zunehmender Problemkomplexität in Teams erscheint es notwendig, die Betroffenen nicht nur über Entscheidungen zu informieren, sondern diese direkt in den Problemlösungsprozess mit einzubeziehen. Durch dieses Vorgehen erzielt man Lösungen, die von allen Betroffenen akzeptiert werden und mit denen sich der Einzelne identifizieren kann.

Betroffene zu Beteiligten machen

Problemlösung im Team ist dann sinnvoll, je komplexer ein Problem ist und je größer die Anzahl der Beteiligten und Betroffenen ist. Dieses Vorgehen, innerhalb eines definierten Rahmens, miteinander Lösungen zu finden führt dazu, dass Teams leistungsfähiger werden, denn durch Partizipation entsteht Kooperation und Vertrauen zwischen den Teammitgliedern.

Kooperation und Vertrauen sind zwei Grundpfeiler, auf denen die Leistungsstärke eines Teams wachsen kann. Die Erfahrung zeigt, dass Teams kreativer und produktiver sind, wenn ein hohes Maß an Partizipation, Kooperation und gemeinsamer Teamarbeit realisiert wurde. Die Aufgabe einer Führungskraft ist hierbei, dafür zu sorgen, dass ein geeigneter Rahmen dafür geschaffen wird und die Prozesse in Teams so zu steuern, dass gute Entscheidungen und kreative Lösungen gefunden werden. Aus diesem Grund ist es notwendig, dass eine Führungskraft die Techniken der Moderation beherrscht und die Instrumente der Moderationsmethode gezielt einsetzen kann. Damit ist nicht gemeint, dem Einzelnen ein Gruppendenken aufzuzwingen oder ihn auf irgendeine Weise zu manipulieren.

Ziel ist es durch geschickte Steuerung der Gruppenprozesse, eine Balance zwischen dem Zusammenhalt der Gruppe und der Individualität der einzelnen Teammitglieder herzustellen und aus dieser Balance sehr gute Lösungen zu entwickeln.

Moderation – was ist das?

Jeder kennt Situationen, in denen sich wichtige Besprechungen oder Diskussionen „Zäh wie Kaugummi" in die Länge ziehen. Alle reden wild durcheinander, man hat eine Menge ungeordneter Informationen und dreht sich ständig im Kreis. Am Ende ist man müde und unzufrieden, hat den Überblick über die gesammelten Daten und Fakten verloren und konnte sich auf keinen konkreten Maßnahmenplan einigen.

Moderation – was ist das?

Die Moderationstechnik ist eine bewährte und mittlerweile klassische Methode, um Prozesse zur Verständigung in Gruppen lösungsorientiert und effektiv zu gestalten. Das Wort „effektiv" hat hier zweierlei Bedeutung: Zum einen meint es rationell, sparsam im Umgang mit den Ressourcen Zeit und Energie, denn durch die Methoden und Techniken der Moderationsmethode kommen Diskussionen rascher zu Ergebnissen. Zum anderen ist das starke Einbinden der Teilnehmer in ein gemeinsames Nachdenken gemeint. Die Berücksichtigung aller Meinungen bietet die besten Chancen für gemeinsam getragene Ergebnisse.

Es ist notwendig, dass der Teammanager sein Team in Besprechungen so steuert und lenkt, damit sich diese effizient und effektiv verständigen können und nach einem logischen Ablauf zu kreativen Lösungen gelangen.

Teams entwickeln dann eine hohe soziale Kompetenz, wenn sie sich bemühen, wichtige Anliegen aus der Sicht eines einzelnen Teammitglieds zu betrachten. Muss zum Beispiel ein Team eine Entscheidung fällen und ein Teammitglied nimmt eine konträre Sicht der Dinge ein und kommt deshalb zu einer anderen Lösung, so helfen die Methoden der Moderation aus dieser scheinbaren Zwickmühle heraus. In vielen Teams würde jetzt aus Gründen der Zweckmäßigkeit der Teamleiter eine Mehrheitsentscheidung herbeiführen. In seiner Rolle als Teammanager weiß der Teamleiter jedoch, wie wichtig es ist, die soziale

Kompetenz des Teams zu entwickeln und zu pflegen. Aus diesem Grund würde jetzt der Teamleiter innehalten, um sich die Einwände und die Sichtweise des Abweichlers anzuhören und zu verstehen. Eventuell würde der Teammanager sogar eine Diskussion anregen, um herauszufinden, wie stark jeder der anderen Teammitglieder hinter den Lösungsvorschlägen wirklich steht. Dieser Teamleiter würde die Gruppe anregen, nach anderen Methoden zur Bewertung der Lösungsvorschläge zu suchen. Die Berücksichtigung individueller Perspektiven ist eine der Stärken von sozial kompetenten und erfolgreichen Teams.

In der Rolle des Teammanagers wird der Teamleiter zu einem Moderator. In dieser Rolle steuert er nach Logik den Diskussionsprozess und setzt gezielt Techniken der Moderationsmethode ein. In der Sprache der Transaktionsanalyse gesprochen, handelt er als Teammanager aus dem Erwachsenen-Ich und vermeidet größtmöglich das kritische und fürsorgliche Eltern-Ich. Ziel ist es, dass das Team nach Logik und mit Hilfe von transparenten Kriterien zu tragfähigen und effektiven Lösungen findet.

Als Moderator des Gruppenprozesses ist es nicht notwendig, dass der Teammanager inhaltlicher Experte ist, sondern in dieser Rolle steht im Vordergrund der Methodenspezialist und Fachmann für Kommunikation. Die Techniken der nondirektiven Gesprächsführung sind ihm vertraut. Ziel ist es den Gruppenprozess zu steuern und zu lenken.

Teammanager in seiner Rolle als Moderator

Der Teammanager bearbeitet mit einer Gruppe nach einem strukturierten Ablauf ein Thema. Er bestimmt den Ablauf und wann welche Methoden zum Einsatz kommen. Er ist der Methodenspezialist. Die inhaltlichen Beiträge werden durch ihn bei der Gruppe abgerufen. Dabei steuert er die Gruppendynamik, sodass jedes Teammitglied zu Wort kommen kann. Ziel ist es, eine möglichst hohe Identifikation aller Teammitglieder mit den erarbeiteten Lösungen und den Ergebnissen zu erzielen.

Hilfsmittel des Moderators

Das Visualisieren macht alle wichtigen Äußerungen des Gesprächs für die Gruppe sichtbar.

Pinwand und Flipchart: Alle Diskussionsbeiträge werden mit Filzstift entweder auf Karten oder auf das Flipchart geschrieben. Die Karten lassen sich leicht auf die Pinwand mit Nadeln anheften, wenn man Gruppen mit ähnlichen Aussagen (Cluster) oder Gedankenketten bilden möchte. Mit Klebepunkten oder durch Kennzeichnung mit dem Filzstift können die visualisierten Aussagen gewichtet werden.

Je nach Komplexität des Themas benötigt man für eine Moderation für je drei Teilnehmer eine Pinwand. Für Routinebesprechungen reichen in der Regel ein Flipchart und 1 bis 2 Pinwände.

Karten: Die rechteckigen Karten nehmen die einzelnen Argumente und Diskussionsbeiträge auf. Mit den Filzstiften können bis zu drei Zeilen oder bis zu ca. sieben Wörter auf eine Karte geschrieben werden. Es ist zweckmäßig, rechteckige Karten zur Verdeutlichung unterschiedlicher thematischer Zusammenhänge in drei Farben verfügbar zu haben.

Filzstifte: Die Filzstifte haben eine Schreibkante, damit die Schrift in einiger Entfernung noch gut zu lesen ist.

Damit keiner der Diskussionsbeiträge verloren geht, wird jede Aussage auf Karte oder Flipchart geschrieben.

Interaktionstechniken

Der Moderator stellt in der thematischen Bearbeitung bewusst seine eigene inhaltliche Meinung in den Hintergrund, da er die Ideen und die Vorstellungen der Teammitglieder erfahren möchte. Der Moderator führt durch die einzelnen Arbeitsschritte mit präzise formulierten und visualisierten Fragen. Fragen inhaltlicher Art, die an ihn gerichtet werden, gibt er in einem ersten Schritt an die Gruppe zurück. Erst wenn diese nicht beantwortet werden können, nimmt er hierzu Stellung. Der Moderator bemüht sich, alle Gruppenmitglieder aktiv in die Arbeit einzubeziehen, d. h. auch Minderheitenmeinungen Gehör zu verschaffen. Weiter achtet er darauf, dass Entscheidungen

Moderation – was ist das?

durch Überzeugung und Logik und nicht durch Überstimmen zustande kommen.

Sollten Konflikte im Team auftreten, so regt er an, gemeinsame Lösungen zu finden. Wenn sinnvoll, hat der Teammanager gemeinsam mit der Gruppe Spielregeln für die Art und Weise der Zusammenarbeit aufgestellt und sorgt für deren Einhaltung. Nachfolgend eine kleine Auswahl an Spielregeln, die sich in der Praxis bewährt haben:

Vereinbarungen sind einzuhalten: Diese Spielregel umfasst z. B. Pünktlichkeit als auch Termintreue. Wenn jemand im Team merkt, er kann seine Termine nicht einhalten, dann muss er dies vorher kundtun, damit der Moderator oder Projektleiter entsprechend planen kann.

Zwei Minuten Redezeit: Die KISS-Regel (Keep It Small and Simple) bedeutet, sich kurz, eindeutig und bündig zu fassen. Eine angeregte Diskussion lebt davon, dass viele Wortbeiträge möglich sind.

Bei Einwänden blitzen: Ergänzungen und Einwände zu einem Argument werden auf Zuruf durch ein Blitzzeichen auf der entsprechenden Karte signalisiert. Blitze kennzeichnen kontroverse Diskussionsfelder, für die es sich lohnt genügend Zeit in Anspruch zu nehmen. Die Erläuterungen der Blitze und die sich ergebende Kette von Argumenten werden auf ovalen Karten notiert und dem Ausgangsargument zugeordnet.

Störungen haben Vorrang: Das Arbeitsklima muss stimmen. Es kann nur sinnvoll und effektiv gearbeitet werden, wenn Irritationen, Ärgernisse oder Unstimmigkeiten besprochen und ausgeräumt werden.

„Ich" statt „man": Jeder Teilnehmer soll die Verantwortung für seine Aussagen übernehmen und sich nicht hinter einem unpersönlichen „man" verstecken.

Alles bleibt im Raum: Geäußerte Meinungen und Empfindungen von Teilnehmern bleiben in der Gruppe.

Mitverantwortung: Jeder ist für das Gelingen der Besprechung mitverantwortlich.

Zuhören und verstehen: Ein wesentliches Gebot ist Zuhören und Verstehen, mit dem Ziel, den anderen in seiner „Welt" zu verstehen. Dies kann auch durch gezieltes Nachfragen geschehen.

Schriftlich diskutieren: Alle Argumente werden, damit nichts verloren geht, auf Flipchart oder auf Karten geschrieben. Für jedes Argument verwendet man eine extra Karte. Dadurch kann man Karten mit gleichgerichteten Aussagen zu Blockfeldern zusammenstecken.

Methoden der Moderation

Diese Auswahl an Methoden hat sich in der Praxis bewährt.

Erwartungsabfrage: Die Frageform kann man zum Festlegen der Erwartungen bezüglich der Bearbeitung eines Themas benützen. Sie eignet sich beim Einstieg einer neu

Moderation – was ist das?

zusammengestellten Gruppe oder eines Projektteams oder als Einstieg in ein brisantes Thema.

Kartenabfrage: Diese Technik ist ein Klassiker in der Moderation. Sie eignet sich zur Sammlung von Themen, Fragen, Ideen, Meinungen, Lösungsmöglichkeiten. Sie ermöglicht eine breite Meinungserfassung und beteiligt alle Teilnehmer. Nachdem man den Teilnehmern ausreichend Zeit für die Bearbeitung der Fragen gelassen hat, werden die Karten durch den Moderator eingesammelt. Bei brisanten Themen werden die Karten jetzt vor den Augen der Teilnehmer gemischt, damit nicht erkennbar ist, wer welchen Beitrag geschrieben hat. Mit der Gruppe werden jetzt die einzelnen Beiträge besprochen, Verständnisfragen beantwortet und die Karten dann in Blockfeldern (so genannte Cluster) auf die Pinwand sortiert.

Die Kartenabfrage leistet in vielen Phasen für die intensive Bearbeitung von Themen und Problemen gute Dienste.

Nach Möglichkeit werden die Cluster nicht zu groß gebildet, da sonst eine differenzierte Betrachtung der einzelnen Beiträge verloren geht. Sind die Cluster gebildet, enthält jedes Cluster eine Überschrift, die die Kernaussage dieser einzelnen Beiträge widerspiegelt.

Zurufabfrage: Diese Technik wird wie die Kartenabfrage zum Sammeln von Themen, Ideen oder Argumenten verwendet. Im Gegensatz zur Kartenabfrage ist dieses Vorgehen nicht anonym.

Der Moderator stellt eine auf Flipchart oder Pinwand visualisierte Frage an die Gruppe und bittet um deren Beantwortung. Wichtig ist, die Frage zu visualisieren. Die Beiträge werden durch genaues Nachfragen konkretisiert und auf das Flipchart visualisiert.

Dabei achtet der Moderator darauf, dass zwischen den einzelnen Beiträgen genug „Luft" bleibt für spätere Ergänzungen. Auch wird etwas Platz auf der rechten Seite des Flipcharts freigehalten für eine spätere gemeinsame Bewertung. Dieses Vorgehen ist ähnlich wie die Kartenabfrage in jeder Phase einer strukturierten Bearbeitung eines Themas möglich.

Einpunktabfrage: Hierbei handelt es sich um eine Methode zur Bewertung. Dabei findet eine Bewertung einer These statt oder auf einer Skala wird ein Meinungsbild erhoben. Die Einpunktabfrage benützt man, wenn man zu einer These ein Stimmungsbild erhalten möchte. Diese Methode kann mit Klebepunkten durchgeführt werden.

Mehrpunktabfrage: Bei der Mehrpunktabfrage gibt es verschiedene Alternativen. Die Anzahl der Klebepunkte, die jeder Teilnehmer erhält, entspricht etwa der Hälfte der Alternativen, die es zu bewerten gilt. Dadurch, dass jeder Teilnehmer mehrere Punkte enthält, entsteht ein sehr differenziertes Bild in der Prioritätenbildung. Diese Methode findet dann Anwendung, wenn mehrere Alternativen zur Auswahl stehen.

Moderation – was ist das?

Brainstorming: Ziel dieser Methode ist, dass alle Ideen, die zu einem Thema entwickelt werden, gesammelt werden. Alle Ideen, auch utopische, werden am Flipchart oder auf Karten festgehalten. Nach Beendigung des eigentlichen Brainstormings werden die Ergebnisse geordnet und an Hand von definierten Kriterien auf Verwendbarkeit geprüft. Eine Form des Brainstormings ist auch die 6-3-5-Methode oder das Mindmapping. Ziel ist es, alle kreativen Potenziale einer Gruppe zu nutzen.

6-3-5-Methode: Wie bereits erwähnt, handelt es sich hierbei auch um eine Methode des Brainstormings. Jeder der sechs Teilnehmer schreibt drei Ideen auf ein Blatt Paper, eventuell mit kurzer Erläuterung. Dieses Blatt wird dann insgesamt fünfmal im Uhrzeigersinn weitergegeben und dabei durch die Ideen und Ergänzungen der anderen Teilnehmer vervollständigt. Am Ende dieser Sitzung werden alle achtzehn Beiträge vorgelesen und in der anschließenden Diskussion weiter verfolgt oder auch verworfen. Diese Methode lässt sich natürlich auch mit weniger als sechs Teilnehmern durchführen. Um einen Pool an Ideen zu erhalten, sollten mindestens drei Mitarbeiter beteiligt sein. Diese Methode erscheint dann geeignet, wenn es darum geht, kreative Potenziale zu nutzen und konzentriert an einem Thema zu arbeiten.

Szenario: Diese Methode eignet sich zur intensiven Bearbeitung eines Themas, auch in Kleingruppen mit zwei oder drei Teilnehmern. Ein Schema mit verschiedenen Feldern, die durch die Gruppe zu bearbeiten sind, wird vorgegeben. Der Aufbau dieses Schemas wird vor der Besprechung durch den Moderator festgelegt. Die Benennung der einzelnen Felder und der zugehörigen Fragen hängen natürlich von dem Ziel der Besprechung und vom zu bearbeitenden Thema ab. Wichtig ist, dass die Teilnehmer durch den Teammanager zu möglichst konkreten Antworten angehalten werden. Die Teilnehmer beantworten die Fragen entweder auf Zuruf oder im Rahmen einer Gruppenarbeit.

Kreisel: Diese Methode bringt eine Variation in die Visualisierung eines Themas. Sie eignet sich zur intensiven Bearbeitung eines Themas in Kleingruppen. Sie dient dazu, ein spezifisches Thema – z. B. „Ordnung in Halle 4711" – genauer zu beleuchten und Lösungsansätze zu finden. Auf einem Plakat ist durch vier „Kreise" die Problembearbeitung vorstrukturiert. Die Gruppe definiert dann, ausgehend vom innersten Kreis, in dem das Thema steht, im zweiten Kreis den Ist-Stand. Als nächstes suchen die Teilnehmer nach Ursachen für den jeweils ermittelten Ist-Stand. Anschließend überlegen sie notwendige Maßnahmen zur Lösung, um dann im äußersten Kreis mögliche Widerstände, die die Realisierung der gefundenen Maßnahmen behindern können, zu definieren.

Durch den Einsatz verschiedener Farben (pro Kreis eine Farbe) bleibt die Visualisierung an der Pinwand übersichtlich.

Moderation – was ist das?

Mindmap: Diese Methode eignet sich zum Aufzeigen von Aufbaumustern und zur Verdeutlichung von Beziehungen zwischen einzelnen Sachgebieten. In der Mitte des Plakates wird das Thema als Halbsatz oder Frage notiert. Auf Zuruf werden zuerst die Hauptpunkte gesammelt, die dieses Thema beeinflussen. Diese Hauptpunkte bilden dann die „Äste", die vom Mittelpunkt wegführen. Nachdem die wesentlichen Punkte als Äste festgelegt wurden, werden jetzt die Unterpunkte als „Zweige" zu den Ästen hinzugefügt. Es entsteht eine Landkarte, die die einzelnen Haupt- und Nebenpunkte darstellt. Der Moderator achtet bei dieser Methode darauf, dass die Verzweigung des Themas übersichtlich bleibt und die Mindmap nicht mehr als zwei Betrachtungsebenen (Äste und Zweige) umfasst.

Diese Methode eignet sich dann, wenn man Ober- und Unterordnung zu einem Thema darstellen möchte.

Planning Games oder Ablaufplan: Diese Methode eignet sich zur Darstellung eines Ablaufes, zum Beispiel zur Entwicklung und Darstellung eines Projektplanes.

Die einzelnen Schritte des Ablaufs werden von den Mitarbeitern des Projektes auf Karten geschrieben, dann von jedem präsentiert und durch die Gruppe ergänzt. Erst wenn alle Ober- und Unterpunkte des Projektes miteinander besprochen wurden, werden die Karten einer Zeitschiene zugeordnet. Durch dieses Vorgehen entsteht bei allen Mitarbeitern in einem Projekt ein inneres Bild, wie die einzelnen Aufgaben im Projekt zusammenhängen und wann welche Aufgabe zu erledigen ist. Die Identifikation mit dem Projekt wächst.

Matrix: Diese Methode eignet sich, um Daten in Beziehung zu setzen. Der Moderator entwirft an der Pinwand oder dem Flipchart eine Matrix. Die einzelnen Felder werden dann mit der Gruppe bearbeitet. Je nach Lage lässt sich eine Matrix in allen Moderationsschritten einsetzten.

Auswahlverfahren: Diese Methode kommt zum Einsatz, um Alternativen in Beziehung zu setzen und Prioritäten zu bilden; wenn verschiedene Alternativen entwickelt wurden und die bestmögliche ausgewählt werden soll. Hierzu können für definierte Kriterien Punkte vergeben werden. Vier Alternativen sollen miteinander in Beziehung gesetzt werden. Die beste Alternative soll nach definierten Kriterien auswählt werden. Jede Alternative enthält für jedes Kriterium einen Punktwert, aus denen die Summe pro Alternative ermittelt wird.

Maßnahmeplan und Besprechungsprotokoll: Um Verbindlichkeit nach der Besprechung herzustellen wird am Ende oder während der Besprechung ein Ergebnisprotokoll angefertigt. In diesem werden so eindeutig wie nötig und so kurz wie möglich die getroffenen Vereinbarungen festgehalten.

Aufgabe des Teammanagers ist, darauf zu achten, dass die einzelnen Maßnahmen möglichst konkret formuliert werden und von den anwesenden Teilnehmern auch umgesetzt werden können. Auch achtet der Moderator darauf, dass die vereinbarten Termine realistisch getroffen werden. Der erfahrene Moderator weiß, dass viele Menschen Zeit nicht realistisch einschätzen können und plant Pufferzeiten ein.

Planung einer moderierten Besprechung

Zur Vorbereitung stellt sich der Teammanager Fragen:

1. Wer ist die Zielgruppe? – wenn nicht nur das eigene Team an der Besprechung teilnimmt.

Wie ist die Gruppe zusammengesetzt? Was tut sie? Zum Beispiel: Die Gruppe besteht aus Vertriebsmitarbeitern.

2. Was wollen die Teilnehmer?

Erwartungen? Einstellung zum Thema? Absichten und Interessen der einzelnen Teammitglieder? Zum Beispiel: Die Teilnehmer wollen eine neue Verkaufsstrategie erarbeiten.

3. Was wissen die Teilnehmer?

Wissensstand über das Thema und die zu bearbeitende Sache? Welche Fachkenntnisse sind bereits vorhanden? Zum Beispiel: Teilnehmer haben eine langjährige Vertriebserfahrung.

4. Welche Konflikte können auftreten?

Persönlicher Art? Zum Beispiel: starke Konkurrenz zwischen jungen und bereits „alteingesessenen" Verkäufern.

Sachlicher Art: Zum Beispiel: Die Ansichten, wie die neue Strategie aussehen soll, sind sehr unterschiedlich.

5. Was kann nach dieser Besprechung geschehen?

Strukturelle Veränderungen? Zum Beispiel: Kundenkontakte sollen gezielt ausgeweitet werden.

Wer hat Entscheidungskompetenz? Zum Beispiel: Entscheiden kann das Vertriebsteam.

Fragen zur methodischen Vorbereitung des Meetings:

1. Welche Verfahren/Techniken werden wann eingesetzt?
2. Welche Hilfsmittel werden eingesetzt? Zum Beispiel eine umfassende Präsentation als Hinführung zum eigentlichen Thema ist vorzubereiten.
3. Welche Hilfsmittel müssen vorab vorbereitet und besorgt werden? Zum Beispiel: ein Beamer.

Fragen zur organisatorischen Vorbereitung des Meetings:

1. Zeitpunkt und Zeitrahmen: Wann soll das Treffen stattfinden? Wann ist ein sinnvoller Zeitpunkt? Wie lange soll es dauern? Wann und wie lange sind Pausen für die Teilnehmer sinnvoll?
2. Ort und Raum: Wo soll das Treffen stattfinden? Wie viele Räume werden benötigt? Wie groß müssen diese sein?
3. Sitzordnung: Die für eine Moderation typische Sitzordnung ist die Halbkreis-Form, manchmal auch ohne Tische. So kann jeder jeden sehen. Diese Anordnung symbolisiert, dass jeder Teilnehmer dazu aufgefordert ist, sich aktiv am Gruppengeschehen zu beteiligen, da

diese Ordnung es jedem leicht macht, nach vorne zu kommen, um z. B. etwas zu visualisieren.

Besteht die Gruppe schon; etabliert sich eine feste Sitzordnung? Ist diese Sitzordnung sinnvoll oder sitzen einzelne Interessengruppen miteinander? Ist es für die Gruppenarbeit nützlich, dieses Schema zu durchbrechen?

4. Medien: Welche Medien werden benötigt? Beamer? Wie viele Pinwände und Flip-Charts sind nötig? (Regel: eine Pinwand für je drei Teilnehmer; 1 bis 2 Flip-Charts pro Raum)

Ablauf einer moderierten Besprechung

Der im Folgenden dargestellte Moderationszyklus kann, je nach Gegebenheiten und Komplexität, mehrere Wochen in Anspruch nehmen oder auch schon innerhalb einer Stunde abgeschlossen sein.

Der klassische Ablauf für eine Moderation gliedert sich in sechs Schritte:

1. Einstieg: Hier geht es darum, die Teilnehmer auf das Thema und die Ziele des Meetings einzustimmen. Ziel ist es nach der Begrüßung ein positives Arbeitsklima zu schaffen. Der Zeitplan für das Meeting wird abgestimmt. Eventuell ist es bei heterogener Erwartungslage oder bei brisanten Themen sinnvoll, diese vor dem eigentlichen Meeting bilateral abzuklären und abzustimmen. Die Ziele für dieses Meeting werden durch den Teammanager präsentiert und das Vorgehen der Besprechung wird kurz vorgestellt.

2. Themen sammeln: Sollte es sich um eine komplexe Themenbearbeitung handeln, bei deren Lösung mehrere „Unterthemen" zu berücksichtigen sind, ist die Themensammlung der erste Arbeitsschritt. Hier geht es darum, „Unterthemen" zu finden, die zu bearbeiten sind oder Fragen zu einem bestimmten Thema zu sammeln. Aus diesem Grund wird eine präzise formulierte Fragestellung auf ein Flipchart oder eine Pinwand visualisiert. Diese Frage kann per Zuruf oder mit Hilfe der Moderationskarten beantwortet werden.

Sollten Moderationskarten Verwendung finden, so ist den Teammitgliedern genug Zeit zu geben, ihre Ideen und Beiträge auf Karten zu schreiben. Meist ist eine Zeit von fünf bis acht Minuten bei diesem ersten Schritt ausreichend. Die Karten werden danach gemeinsam mit den Mitarbeitern an einer Pinwand nach Schwerpunkten geordnet. Es werden Cluster gebildet und die einzelnen Beiträge werden konkretisiert.

3. Thema auswählen: Es wird festgehalten, welche Themen bzw. welche Fragen im Rahmen der Gesamtdiskussion zu behandeln und zu bearbeiten sind. Es können hier mehrere einzelne Themengebiete festgelegt werden. Die Festlegung einzelner Themengebiete ist dann sinnvoll, wenn in der Folge – parallel in kleineren Arbeitsgruppen – einzelne Themen vertiefend bearbeitet werden sollen.

4. Thema bearbeiten: In diesem Schritt werden die Themengebiete entsprechend der gebildeten Prioritäten bearbeitet. Ziel in der Besprechung kann dabei sein, durch eine Ursachenanalyse ein Thema vertiefend zu bearbeiten, um danach Lösungsideen zu formulieren. Hierzu könnte zum Beispiel die Szenario-Methode eingesetzt werden. Der Teammanager achtet bereits in der Vorbereitung des Meetings darauf, dass die Methoden zur Themenbearbeitung und zur Fragestellung passend sind. Er erklärt den Arbeitsauftrag genau. Eventuelle Verständnisfragen werden besprochen und geklärt.

5. Maßnahmen festlegen: In diesem Schritt werden die einzelnen Arbeitsergebnisse präsentiert. Verständnisfragen werden geklärt und die vorgestellten Lösungen besprochen und diskutiert. Der Moderator steuert die Diskussion. Um konkrete Maßnahmen festzulegen, werden die vorgeschlagenen Lösungen eventuell nach bestimmten Auswahlverfahren, die durch den Moderator festzulegen sind, bewertet. Hierbei kann es sich um ein Auswahlverfahren mit definierten Kriterien oder auch um eine Mehrpunktabfrage handeln. In Patt-Situationen mit zwei festgefahrenen Ansichten hat sich bewährt, einen Rollentausch vornehmen zu lassen. Um die Perspektiven wieder zu erweitern, müssen die beiden Parteien sich gegenseitig die Vorteile des Entwurfs der „Gegenpartei" vorstellen.

Im nächsten Schritt wird festgelegt, welche Maßnahmen aufgrund der Themenbearbeitung durchzuführen sind. Maßnahmen und Protokoll werden gemeinsam festgelegt.

6. Abschluss: Eine Reflexion über die geleistete Arbeit kann dann durchgeführt werden, wenn es wichtig ist, abzuklären, ob die Erwartungen und die Ziele des Meetings erreicht wurden. Bei Routinebesprechungen ist diese Reflexion meist nicht notwendig. In der Startphase und in der Mitte eines Projektes kann eine solche Reflexion sehr nützlich sein, um die Zusammenarbeit noch weiter zu verbessern. Am Ende eines Projektes ist es üblich, den gesamten Prozess zu reflektieren.

Teamentwicklung und Teammeter

Ein Team mit emotional intelligenten Mitgliedern wird nicht unbedingt zu einem konstruktiven und kooperativen Team. Wie jeder Mensch seine Persönlichkeit entwickelt, so entwickelt auch ein Team seine Persönlichkeit. In diesem Zusammenhang wird diese Teampersönlichkeit als Teamwesen bezeichnet; ein Wesen, welches einen eigenen Charakter und eigene Wesenszüge entwickelt. Diese Wesenszüge lassen sich erkennen an den Normen, die im Team bestehen, den ausgesprochenen oder nicht ausgesprochenen Spielregeln im Team und an den Verhaltensweisen der Teammitglieder untereinander und gegenüber Dritten. Die Führungskraft in der Rolle eines Teammanagers verfolgt das Ziel, das Teamwesen so zu entwickeln, dass eine Teamatmosphäre entsteht, aus der heraus Vertrauen, Kooperation und Leistung erwachsen kann. Als geeignetes Hilfsmittel, um die Ist-Situation im Team zu bestimmen und eine Soll-Idee im Team zu entwickeln, die von allen Teammitgliedern getragen wird, hat sich das Teammeter erwiesen (Kissel, G.G.).

In einem ersten Schritt wird mit dem Team festgelegt, was die kritischen Erfolgsfaktoren des Teams sind. Diese Erfolgsfaktoren müssen erfüllt sein, damit das ganze Team erfolgreich ist. Die maximal zehn wichtigsten Erfolgsfaktoren werden gemeinsam mit dem Team festgelegt. Diese Faktoren stellen dann sowohl für die weitere Betrachtung, als auch für die weitere Bewertung der Leistungsfähigkeit des Teams den Maßstab dar. Nach der Festlegung der Erfolgsfaktoren wird jeder dieser Faktoren durch jedes Teammitglied auf einer Skala von 1 bis 10 (sehr schlecht – sehr gut) anonym bewertet. Diese Bewertung stellt den Ist-Zustand der Gruppe dar und bildet die Grundlage für Verbesserungsüberlegungen. In weiteren Meetings werden geeignete Lösungen und Maßnahmen entwickelt, in welchen Punkten sich das Team verbessern will. Es entsteht ein kontinuierlicher Verbesserungsprozess im Team.

Nach folgender Bewertung werden die Prioritäten der Bearbeitung der einzelnen Erfolgsfaktoren festgelegt: Werte unter 4/5 sind rot und müssen verändert werden. Werte zwischen 6/7/8 sind gelb und sollten verbessert werden. Werte zwischen 9/10 sind im grünen Bereich.

Register

6-3-5-Methode 161

A-B-C-Analyse 112
Ablauf des Mitarbeitergesprächs 146
Ablauf einer moderierten Besprechung 167
Ablauf eines Coaching-Prozesses 128
Ablaufplan 163
Absicherung und Unterstützung 132
Abteilungs- und Gruppenziele 97
Annäherung 89
Ansprechen des Konflikts 88
Appellinhalt 50
Appellohr 50
Ärger 65
Atomisierung 120
Ausnahme 127
Ausreichende Kompetenzen 22
Auswahlverfahren 164
Auswirkung 66, 68
authentisches Verhalten 16
autoritären Führung 17
Autoritärer Führungsstil 14

Beachten 24
Bedrohen 33, 87
Bedürfnisse 45, 59 f. 60, 66 f., 83, 88, 134
Befehlen 34
Befragen 29
Befugnisse 13 f., 111 f., 115
Begleiten 32
Begrenzte Angriffe 87
Begründen 29
Begrüßen 24
Belobigen 28
Belohnen 30 f.
Benachrichtigen 26
Beschreibung der Situation 63
Beschützen 31

Besprechungsprotokoll 164
Bestrafen 34
Bewerten 33
Bewertungskonflikt 84
Beziehungsebene 45 f., 49, 77
Beziehungsinhalt 48
Beziehungskonflikt 84
Beziehungsohr 49
Bitten 30
Brainstorming 161

Cluster 159
Computer-Ich 53, 55, 58, 60, 63

Debatte 85
Delegieren 7 f., 110 f., 113, 115 f.

Effektive Gesprächsführung 46
Einbezug psychologischer Faktoren 121
Einfachheit 109
Einpunktabfrag 160
Eisbergmodell 44
Eltern-Ich 53 ff., 58, 60 ff., 64, 77, 154
Empfangsorientierung 109
Entscheiden 89
Erfolgsfaktoren beim Coaching 120
Ergebnisse 82 f., 94 f., 142, 144, 153, 161
Erwachsenen-Ich 56, 61, 154
Erwartungsabfrage 158
Eventuelle Konsequenzen 90

Feedback 137
Filzstifte 156
Fokussieren 6, 73 f.
Fragen 72 f.
Fragetechniken 32, 72, 78, 81, 89, 118, 122, 125
Führen 23

Register ||| 173

Führungsalltag 61
Führungsinstrumente 7, 18, 91, 118
Führungsstil 5, 10, 13 ff.

Gegenreaktion 122
Generalisieren 42
Gesichtsverlust 87
Gesprächsführung 6, 18, 32, 37, 41,
    46, 49, 52, 61, 62, 69 f. 78, 81 f., 89,
    118 f., 122, 135, 149, 155
Gliederung und Ordnung 109

Hilfsmittel des Moderators 155
Hinterfragen 74
Hintergrundinformationen für den
    Mitarbeiter 105
hypothetische Frage 125

Ich-Botschaft 6, 33, 62 ff.
Ich-Zustand 52 ff. 60 f.
Informationsbedarf des Mitarbeiters
    105
Informationsmanagement 7, 92, 107
Interaktionstechniken 9, 156 f.
Interpretation 40
Ist-Analyse 129
Ist-Zustand 98, 171

Job-Cycle-Check 137

Karten 156
Kartenabfrage 159
Kindheits-Ich 53, 55 ff., 78
KISS-Regel 157
klärenden Fragen 126
Klärung des Hintergrunds 88
Koalition 86
Kommunikationsmanager 18
Konflikte managen 6, 83
Konkretisieren 6, 73 f.
Konkretisierungsfragen 126
konstruktiven Konfliktlösung 88
Kontrollaufgaben 138

Kontrolle 8, 12, 86, 93, 116, 123, 137
    ff.
Kontrollieren 8, 137, 139 f.
Konzeption von Zielvereinbarungen
    96
Kreisel 162
Kürze und Prägnanz 109

Laisser-faire-Stil 14 f.
Leistungsbereitschaft 21 f.
Leistungsmanager 18
Leistungsverweigerung 29
Lernen am Modell 136

manipulative Fragen 6, 76
Maßnahmeplan 164
Matrix 164
Mehrpunktabfrage 160
Messbare und spezifische Ziele 97
Metakommunikation 6, 79 f., 123
methodischen Vorbereitung des
    Meetings 166
Mindmap 163
Missverständnisse 51, 134
Mitarbeiterbewertung 33
Mitarbeitergespräch 8, 10, 75, 140 ff.,
    147, 149
Mitarbeiterziele 97
Modelle der Kommunikation 6, 43
Moderation 9, 18, 152 f., 155, 158 f.,
    166 f.
Moderationstechnik 153
Moderator 155
Motivation 10, 21, 23, 93, 103, 111,
    115, 176
Motivationsfaktoren 5, 23

Nachrichten überprüfen 39
Non-direktive Gesprächsführung 6,
    69, 78

Obersachbearbeiter 13

Register

organisatorischen Vorbereitung des
  Meetings 166

Persönliches Zeitmanagement 7, 112
persönliche Ziel des Mitarbeiters 103
Phasen des Mitarbeitergesprächs 145
Pinwand und Flipchart 155
Planning Games 163
Planung 131
Planung einer moderierten
  Besprechung 165
Präsentation der Zielvorschläge 106
Proben 135
Prozesse 18, 19, 20, 25, 54, 59, 101,
  121, 139, 152, 153

Recency-Effekt 150
Rollenspiel 136
Rückendeckung 105

Sachaspekt 45
Sachinhalt 47, 79
Sachohr 47
Sammeln von Lösungsmöglichkeiten
  89
Selbstmanagement 7, 110
Selbstoffenbarungsinhalt 47
Selbstoffenbarungsohr 48
Sinngemäßes Wiederholen 70
situativ-autoritärer Führungsstil 14
situativ-partizipativer Führungsstil 15
Skala 6, 75, 101, 148, 160, 171
Soll-Fantasie 130
Spannung 85
Systemische Frage 6, 77
Szenario 161

Teamentwicklung 9, 170, 171
Teammeter 9, 18, 170, 171
Teamziele 101, 103
Tilgung 42
Transaktionsanalyse 6, 51, 52, 53, 60,
  61, 154, 175

Trichtermodell 73

Umschreibendes Zuhören 71
Umsetzung 133
Umsetzung vereinbaren 90
unkontrollierter Konflikt 85
Unternehmensziele 97
Unterstützung 106
Ursache-Wirkung-Denken 19

Verantwortung 5, 13, 14, 22, 58, 59,
  60, 110, 111, 119, 133, 158
verdecktes Coaching 118
Verhärtung 87
Vernichtung und Selbstvernichtung
  87
Verständlichkeit von Informationen
  109
Verteilungskonflikt 84
Verzerrung 38, 40
Vier-Ohren-Modell 46
Visualisieren 135

Wertschätzung 28, 39, 46, 102, 134
Wunsch und Bitte 67

Ziel- und Beziehungsklärung 129
Zielcontrolling 7, 91, 106, 107, 141,
  146, 149
Zielfelder 96
Zielklärung des Mitarbeiters 105
Zielkonflikt 84
Zielkorridor 104
Zielmanagement 7, 93, 94, 96
Zielperspektiven des Vorgesetzten 104
Zielvereinbarungen 95, 141
Zielvereinbarungsgespräch 104
Zielvereinbarungsprozess 93, 105
Zielzustand 100
Zurufabfrage 159
Zusammenfassung 82
Zusätzliche Stimulans 109

Literatur

Baden, E.: Betriebspsychologie, McGraw Hill Verlag, 1990

Berne, Eric: Siele der Erwachsenen, Hamburg 1967

Berne Eric: Was sagen Sie, nachdem Sie „Guten Tag" gesagt haben; Frankfurt 1983

Blanchard, K., Oncken, W. Jr., Burrows, H.: Der Minuten Manager und der Klammeraffe, Rowohlt Verlag 1990

Blanchard, K., Carlos, J.P., Randolph, A.: Management durch Empowerment, Rowohlt Verlag 1998

Doppler, K., Lauterburg, C.: Change Management, Campus Verlag 1995

Geißler / v. Landsberg / Reinhartz (Hrsg): Handbuch Personalentwicklung und Training; Knicker, T.; Gremmers, U. Führen mit Zielen 2002

Glasl, Friedrich: Konfliktmanagement, Bern Haupt Verlag 1999

Heinzel, F.: Management ist nicht nur Menschenführung, expert Verlag 1996

Hennig, G. und Pelz, G.: Transaktionsanalyse. Jungfermann Verlag 2002.

Holzherr, Georg, Abt von Einsiedeln: Die Benediktsregel – Eine Anleitung zu christlichem Leben, Benziger 4.Auflage 1993

Kissel, G. G.; unveröffentlichtes Manuskript

Klebert, K.; Schrader, E.; Straub, G.W. Kurzmoderation. Windmühle Verlag 1987

Knicker, T. ; Gremmers, U.: Führen mit Zielen, Harvard Manager 12/1990

Mackenzie, A.: Die Zeitfalle, Sauer Verlag 1995

Neuberger, O.: Führen und führen lassen, UTB Verlag 2002

Rosenstiel, L. v., Regnet, E. & Domsch, M. (Hrsg.): Führung von Mitarbeitern, Schäffer Poeschel Verlag, 1995

Simon, Fritz B.; Rech-Simon, Christel: Zirkuläres Fragen. Systemische Therapie in Fallbeispielen: ein Lehrbuch. Heidelberg, Karl Auer Verlag, 2002.

Schlegel, L.: Die Transaktionsanalyse. UTB Verlag 1984.

Literatur

Schulz von Thun, F. Miteinander Reden 1; Störungen und Klärungen, Rowohlt Taschenbuch Verlag, 1981.

Seiwert, L. J.; Mehr Zeit für das Wesentliche; Redline Wirtschaft, 2002.

Seiwert, L. J.; Wöltje, H.; Obermayr, C. Zeitmanagement mit Microsoft Outlook; Microsoft Press 2006

Sprenger, R.: Mythos Motivation, Campus Verlag 1992

Staehle, W. H., Management – eine verhaltenswissenschaftliche Perspektive, Verlag Franz Vahlen 1999

Stroebe, R. W.: Arbeitsmethodik I, aus: Arbeitshefte Führungspsychologie, Band 7, Sauer Verlag, 6. Auflage 1993

Stroebe, R. W., Stroebe, G. H.: Grundlagen der Führung, aus: Arbeitshefte Führungspsychologie, Band 2, Sauer-Verlag, 8. Auflage 1994

v. Schlippe, Arist; Schweitzer, Jochen: Lehrbuch der systemischen Therapie und Beratung. Göttingen, Vandenhoeck & Ruprecht Verlag, 2003.

Vromm, V. H. & Yetton, P. W.; Leadership and Decision Making. Pittsburgh: University fo Pittsburgh Press, 1973.

Wildenmann, B.: Professionell Führen, Luchterhand Verlag 1999

Training Beratung Entwicklung

Uwe Gremmers

0049-8192-510

www.Gremmers.de

GremmersUwe@t-online.de